莎士比亞的安魂曲

陶傑

最新散文集

莎士比亞的安魂曲

第一章——中西文化的一杯雞尾酒

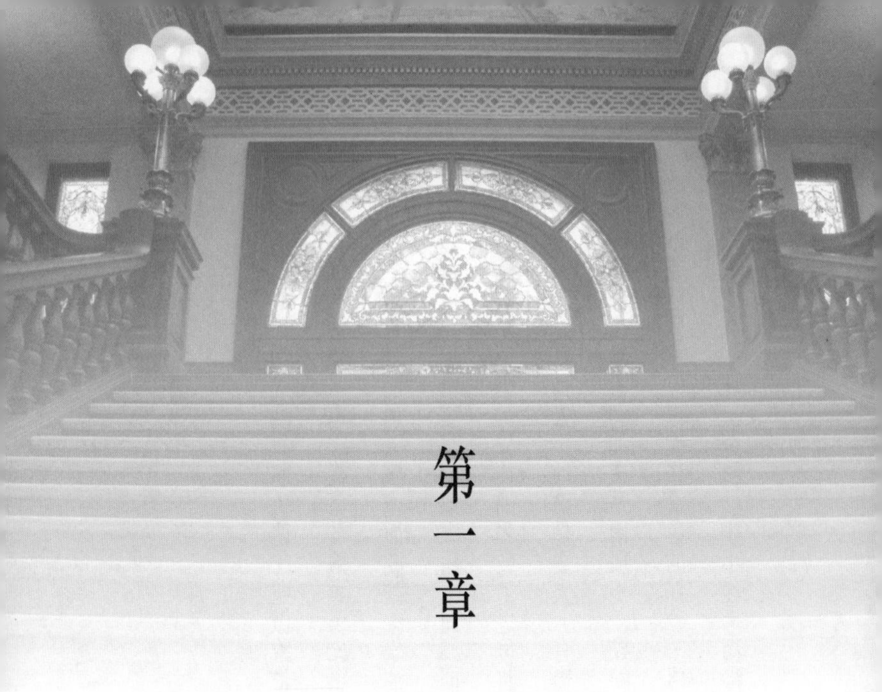

第一章

中西文化的一杯雞尾酒

油畫和水彩

有一門手藝行將失傳，叫做繪畫，因為電腦的緣故。曾幾何時，城中有許多畫室，教授水彩和油畫。有志從事藝術者，先鑽研三年鉛筆素描，再選學水彩或油畫，就此分道揚鑣。

畫水彩的男人飄逸而瀟灑，學油畫的男人卻忠實而沉厚。水彩是藝高人膽大的楊過，比較偏激，但一失足即成大錯，回頭即無從悔改。油畫是穩重而平和的郭靖，不求才華，一筆畫錯了不要緊，只待油彩乾了之後將勤補拙。

水彩是情人，油畫是丈夫。有幾個名字是兩樣兼善，可以用左手畫水彩，右手繪油畫的呢？因為水彩和油畫是兩般不一樣的思維方法：畫水彩，必由淺色的地方開始，層層渲染；油畫剛剛相反，先畫深色的部分，風景先畫陰影，肖像先畫頭髮，從深的色彩層層漂白，效果就像在一塊黑麵包上塗牛油，深淺烘托臻成天品。

水彩太豪放，而油畫有時過於沉鬱。水彩畫家必是樂天的，而油畫家多半是悲觀主義者。水彩是一陣狂笑，油畫是長夜連綿的啜泣。水彩是山壑中的一響長嘯，輕逸清絕，油畫像小樓一夜啼血的獨白，深遠而悲哀。

因此西洋美術史三百年，水彩畫家多留下雪泥鴻爪的一泓清名，像英國的端納和遠東浪遊的錢納利，而油畫家呢？在明亮如烈燄或幽黯如星空的畫布之外，他的遭遇卻淒豔而悲哀，像梵高和倫布蘭。水彩像道家，而油畫太儒家了，水彩是李白，而油畫，永遠是杜甫。

一個女人，如果同時有兩個畫家追求，是幸福的。畫水彩的那一個必然更加浪漫而雋永，但又像行雲流水一樣抓不牢而靠不住，習油畫的那一位一定有點耿直而傻氣，但又有點慢吞吞而略輸一分溫柔。畫水彩的那個只能是過客，他的作品是裱糊的，很難收藏，但是油畫家卻不一樣，過程一片油污：烏七八糟的調色版、中人欲窒的松節油、零散的工具，但完成的作品用畫框掛起來，卻是萬世千秋。

最後出現在三百年後拍賣行的一柄木槌子後面的，多半各是油畫而不是水彩。一腔心血，在時間裏化為一層油光，他的堅毅和執着，真要由那麼深厚的歲月來證明嗎？只可惜那時畫家已經化為塵土，只留下星光般的作品。

以及油畫肖像裏的那個人。他當初是如何叫她這樣一盤膝，如此一低頷，還有，把裙子向胸多低開兩分——這樣會令肩膊和頸際的項鍊多一點對比——畫家與畫中女人的關係，留給後世的學者去猜，只知像一顆琥珀，她成為他筆下一翅美的囚徒，從此永遠沒有走出來。

帝皇墨寶

年初一，澳門很興旺，賭場酒店人山人海，但藝術博物館沒有人。這一天不收門票，走進去，博物館就像為閣下專門開放的，這一份「中國領導人」的感覺，就是外面的千萬賭客給您造的福，多點人來澳門賭，大陸的貪官多輸一點，真好。

博物館正在舉辦清代宮廷典籍展覽，有順治和康熙的許多手書墨寶。康熙喜歡手錄《心經》，康熙的書法很常見，字跡易辨。

《心經》最常見的，是一個「無」字：「無色聲香味觸法。無眼界，乃至無意識界，無無明，亦無無明盡。乃至無老死，亦無老死盡。」抄錄《心經》，等同罰抄一個「無」字。康熙也把這個字寫膩了，不斷玩花樣，不是這個無字蓋上減一撇，就是下一個無字上頭多一鈎，從字跡可見，康熙不是頭腦僵化的人，因此他願意學西洋的天文算學。一個「無」字，

力求千變萬化，不看真跡，無從考據帝皇的心理學。

順治也有一畫一字掛賞，兩皆平庸之作。其抄錄王維詩：「獨坐幽篁裏，彈琴復長嘯」，字體東歪西倒，一看就知是不成熟的作品。「深林人不知」的人字，一捺過長，「明月來相照」的相字，分斜得有如兩幢危樓。展品説明：「行筆自然瀟灑，佈局寬綽曠達，多有流滑之筆」，前兩句是擦鞋，只第三句如實。

順治這幅字，看來像七八歲小孩手筆，實際寫於登基後十七年，時年二十四歲，為死前的一年。由字跡判斷，順治應是感情豐富的人，下筆方有不拘小節「流滑」之舉。清朝皇帝之中，亦以順治與董鄂妃以情侶姿態為後世所念，其餘一個也無。到了光緒和珍妃，則又國之將亡，花近斜陽，哀傷有餘，未免浪漫不足。

清代皇帝，留下的墨寶多是一本正經的書法，不是抄唐詩就是錄《心經》，他們在童年時代，有沒有塗鴉亂畫，兒時的作品，為何一張也沒有留下來？

二〇〇七年英女皇鑽婚，倫敦展出維多利亞女皇的手跡。其中一幅，是維多利亞在女孩時代隨手塗畫的一套婚紗，那是她夢想自己結婚時該穿的衣裳。

兒童的維多利亞很喜歡畫畫：草地上的綿羊，劇院裏的芭蕾舞孃，以及自己長大後的婚紗。同是住在深宮，維多利亞的塗鴉樸拙而天真，她不必抄錄甚麼經典，她可以自由作畫，她的作品沒有拘束，讓自由的幻想任意飛翔。

中國帝皇的墨跡，永遠少了這一份人性。最後，民主、科學、藝術創意，在哪一個帝皇管轄的國度滋長，是顯而易見的。

澳門的藝術博物館，年初一，一個人也沒有，只有三百年前的帝魄墨魂。窗外的遠處傳來一串長長的鞭炮聲，豬年來了。

墨中歲月

農曆年初一，在澳門看宮廷墨跡，博物館空無一人，這樣的年，像過得特別有氣派。

古時的帝皇，雖然專制，到底還能個個寫一手好字，因為稱為「墨寶」，書法是神聖的技藝，不像今天可以隨便糟蹋，再殘暴的獨裁者，臉皮還是薄薄的，如果知道自己那手書法像猴子畫抽象畫，到底知恥，絕不會亂題字污染環境。

農曆年初一，清代的皇帝隆重開筆，康熙在乾清宮升座，召來王公侯臣，齊刷刷跪在案前。康熙捲起衣袖，甩開膀子，揮筆書寫一個「福」字，挨個賜給眼前的大臣。得到皇上墨寶的，無不歡天喜地。

雍正改在養心殿東暖閣開筆。除了福字，還加題幾句吉利話。到了乾隆，增加創意，年初一開筆之前，先遍訪宮中名神大佛，燒香上供，再給孔子牌位磕頭，折騰了半日，方來到

重華宮漱芳齋，鄭重其事，先抄錄一遍《心經》，然後再開始書福。不但大臣，連妃嬪都各可領一張，比起爺爺和父親，乾隆比較human一些。

重華宮是乾隆少年時獨居的地方，宮柱不是像其他大殿的朱紅色，而是髹成綠色，象徵青春年少。乾隆很喜歡重華宮，因為這裏有他孤獨而充實的少年歲月，就像電影《大國民》裏那塊著名的滑雪板「玫瑰花蕾」，變成報業大王老來的情結一樣。

乾隆手錄的《心經》，擺在展覽館，跟他爺爺的《心經》手跡放在一起。康熙的書法學明末的董其昌，乾隆學趙孟頫，兩爺孫的字都很雍雅——不臨近細賞，也就不明解馬料水「雍雅山房」這個名字氣派之由來——爺孫倆隔了百年，為甚麼抄錄的是同一篇佛教的經典呢？

如果乾隆已經學會使用鵝毛筆，宮裏有羅馬的傳教士，教他在用毛筆抄《心經》之外，也用鵝毛筆抄錄一遍《聖經》的創世記，或退而抄錄一遍《王子復仇記》哈姆雷特的獨白：

To be or not to be，一百五十年的歷史，就要改寫了。

中國的宮廷，時間像是靜止的，叫做timeless，宏大從故宮的簷廊，微小如帝皇的墨跡，都像浸潤在曉月一抹薄荷般的涼色裏，千百年過去，泛不起一絲漣漪，直到外國艦隊的炮聲，像博物館外媽閣的爆竹聲一樣，把一個腐枯成酸的古夢無情地驚醒。博物館空廊無邊，一個人走着，地板和玻璃櫃所見自己的影子，仔細看，背景裏，還依稀有一隻麒麟的銅像，怒目在淡紫的曙色裏。

漢學家

德國漢學家顧彬說：中國當代文學是垃圾，因為「中國作家像卡在一個小房子裏頭，不敢張開眼睛看世界，中國再也沒有魯迅和林語堂，中國在世界文壇上沒有自己的聲音。」說全是垃圾，未免言重了。中國當代也有精品：阿城和莫言，還有蘇童都是好作家。問題是許多作家文字嚕嚕囌囌，因為他們習慣了開會做報告的政治生活，一杯龍井擱在案頭，幾句話的意思，要稀釋為一個鐘頭的廢話，反反復復地嘮叨。

中國文字本來有精煉的魅力，在許多作家筆下，像一小茶匙的好立克，沖三大杯熱水，文字的味道沒有了，也缺乏想像力。許多當代作家的描寫，不懂得使用「隱喻」，也就是英文說的metaphor，文字平鋪直敘，為了迴避許多政治的地雷，思想又吞吞吐吐。本來，優秀的文學剛剛相反：文字要淺白而含蓄，思想要清晰，但許多「作品」剛好倒過來，就總叫人

想打呵欠。

因此看來看去，還是張愛玲，因為張愛玲的中文沒有受過污染：「夏天的日子，一連串燒下去，雪亮絕細的一根線，燒得要斷了，又給細細的蟬聲連了起來。」像這等絕妙的中文，一九四九年之後已成絕響。因此，所謂當代中國文學，有甚麼好研究？

尤其是這位漢學家是德國人。德國的當代文學作品明星如林，像赫曼海斯，寫自然田園的風景和心情，文字很簡潔，譬喻生動。根德格拉斯，也就是最近承認少年時曾參加納粹的那位，時代的氣魄宏大，文字卻很細膩。比較嚕囌的是湯瑪士曼，他對精神病院很有興趣，喜歡寫兩個角色冗長的哲學辯論，但德國是哲學之鄉，德國人非常理性，他們的文學風格有時會流於說教，但很有point，嚕囌一些，讀者可以接受。

這位德國漢學家應該是曾經滄海的學者，嚐遍了魚翅和燕窩，叫他忽然專注研究中國當代文學，好似判一位美食家終生困在旺角西洋菜街，吃那裏的小巴車站旁邊沙塵滾滾的豬

皮、魚蛋、牛雜。

問題是，他為甚麼當初進這一行呢?他要了解中國作家的前列腺增大的苦惱。讀漢學，學一點中國當代經濟社會就夠了，學中國的市場和做生意的獨特方式，加一點中國帝皇的歷史，持別是Ming（明朝）和Qing（清朝）的脈絡，這就夠了，其他不必浪費光陰。這位漢學家，叫人覺得好可憐。

騎劫莎士比亞

城中教人突兀的一件事，莫過於在小眾的劇院，有人以名著改編成話劇和舞蹈，世界級的經典作品重新包裝，宣傳海報上這樣印着：導演某某，編劇莎士比亞，或但丁，或王爾德。

編劇莎士比亞？而閣下是導演，賤名竟敢與莎士比亞並列？豈敢褻瀆神聖乃爾。莎士比亞是原作者，他的作品，不是為今天所謂新生代藝術家度身訂做的。寫劇本的人就叫編劇嗎？今日編劇的定義，編劇是電視台肥皂劇流水作業一星期就要起貨的技工，而在紐約百老匯和倫敦蘇豪，不叫編劇，而叫劇作家。

像蕭伯納、亞瑟米勒、田納西威廉士、彼德雪佛、Richard Curtis。他們寫一個劇本，和作家寫小說一樣，是真正的創作——像一件Chanel完成之後奉在精緻的禮盒裏，而一款佐丹奴T恤有上千件同樣的工廠產品，顧客是用膠袋打包買走的——劇作家有舞台供養，而莎

士比亞的劇作，除了供應給劇場，還上達宮廷，觀眾包括伊莉莎白一世。

把名字和莎士比亞排在一起，在英語世界裏不可思議。再自我膨脹，也不至於公然強搶劇聖的不朽之名：肉身凡胎，改編導演一齣莎劇，可能演了三個星期就銷聲匿跡了，誰會記得你？對於經典，洋人的規矩很大，歌劇院裏掛起一張《魔笛》的海報，莫扎特的名字和劇名排在一起，放到最大，寫成Mozart's Magic Flute——必須如此，因為這是一個舉世無雙的天才的創作，不容許二三流的凡人染指。第二級才是指揮家的名字，他將如何演繹天才的靈感，第三級是演員，然後才是導演、交響樂團、合唱隊，其中等級森嚴，不許僭越，為甚麼？因為這是人間極品，因為莎士比亞和莫扎特一樣，是神，在一個庸俗的世界，可以在打高爾夫的時候向上市公司主席的球友炫耀：「今朝我同當奴一齊食早餐。」但，「編劇莎士比亞」，導演是閣下？Oh No。

在一個名氣濫發的泡沫社會：「大師」、「作品」、「經典」的分封，並無章程，就像

大紫荊勳章，但是拜託，作品再出色，幸勿搶劫大師，勿騎劫莎士比亞。不要告訴我，你手裏那本《羅密歐與茱麗葉》，其實是梁實秋翻譯的中文版；而且，原文太艱深，有太多無謂的比喻和嗟嘆，一句台詞長達一頁，香港演員沒有受過這方面的訓練，也不符合香港觀眾的口味，所以你改動了一點點：包括讓角色穿上T恤和牛仔褲，把幽深的花園改成亮晶晶的天幕，在舞台上大放霓虹色彩的煙霧，用勁歌金曲作配襯音樂，讓他們跨越千年，作一對旺角鴛鴦，就說這是updated的潤飾和「增值」，而編劇莎士比亞，是閣下的一位文字匠的副手。可以騎劫遊行，騎劫政府，甚至騎劫整個中國和十三億人，但有的名字，在這個世上，閃爍如月，精妙如金，觸一觸摸都是犯罪。

小說家

小說家創造了一個人物，人物活在作品裏，作品活在時間中。小說人物的生命，決定於後世的閱讀。

百年前的小說經典少人再讀了，只貴為大學的歐洲文學課程，小說中的女主角就漸漸老了，像包法利夫人、安娜卡列妮娜，還有維珍妮亞吳爾芙筆下的達洛威夫人。

小說如果流行長青，誦讀千古，小說的人物也一樣年輕，像香香公主、郭靖、楊過，還有范柳原和白流蘇。

一部小說的完成，就像一隻小小的紙船剛剛摺好，作者把紙船放在奔流的小河，讓河水把紙船漂帶到遠方。小說家寫完最後的一章，也依依向小說裏的主角人物們話別：作家的肉身有一天腐朽，他站在小河邊，向紙船揮揮手，書中的人物能活到多久，看你們的造化了。

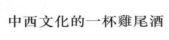

一部作品流傳後世，是一種blessing：哈姆雷特永遠年輕，李爾王的鬍子永遠白得那麼悲情，角色不朽，要世代的演員為他延續生命。有幾多人演過郭靖？曹達華、白彪、黃日華，到大陸最新的李亞鵬。紙船在河上漂流着，船上有一朵灰白的燭燄還沒有熄滅。

人物明明是創作人一手孕育而生下的，人物的際遇也由創作人來決定，但人物的生命卻不由得他來控制。謀事在人，成事在天，紙船放在河上，一撒手，它會漂得多久？漂到哪裏？河的下游有沒有礁石和陰灘？還是一直奔流到大海？

因此創作人是很苦的。如果有輪迴轉世，三百年後他投胎，看見還有許多人讀他的小說，如果他還記得，這是他前生的作品。或許作品有靈，書中的人物都有生命，就會在河流的另一頭與作者隔世相認：親愛的母親，你還記得我們嗎？我們是你的孩子。

感謝你的孕育和創造，在你的小說中，我們活得很好。作品的世界，喜怒哀樂，死活過千回，在讀者的千秋閱讀之中，我們歷盡滄桑，參悟了天地間一切無量的悲欣。還認得我們

嗎？三百年前，你是我們的作者？

然後，紙船往長長的河流慢慢漂去。作者已經化身為讀者，他站在岸邊，若有所思，似有所悟。前事如煙，續集如霧，他闔上一卷作品，在水畔向書中的人物揮手再話別，目送紙船載着不滅的燭光，航向隔世的蒼茫。

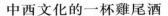

一個作家的終結和誕生

美國小說家史泰倫逝世，享年八十一歲。史泰倫之名，或許很少人熟悉，但如果看過二十多年前瑪麗史翠普主演的電影《蘇菲的抉擇》，講戰時一個波蘭猶太女子在納粹集中營的故事，則應識史泰倫之名，因為片子正是根據其原著小說改編。史泰倫不但寫小說，而且關注人權。他當過海軍，深為廣島原爆所震撼。史泰倫另一部小說《端納懺悔錄》，以一個反抗的黑奴為主角，得到普立茲獎。小說寫多了，史泰倫走出書房，參加了許多社會活動。他曾經支持過康納狄吉州的一個中學教師，因為這位教師不肯在學校宣誓愛國、效忠星條旗而遭到校方開除。冷戰時期，史泰倫公開呼籲蘇共不要侮辱蘇聯境內的猶太人權。到了九十年代，史泰倫年逾古稀，還發起抗議運動，反對迪士尼在他的家鄉維珍尼亞州建設迪士尼園。

做一個作家，在西方社會，不止是把自己關在書房，「作家」的定義，不止於紙張墨跡

的創作平面，在考究「其作品」之外，還要求「其信仰、其生活」，西方的作家，是一種立體的人格。正如製片家盧卡斯的一部《星球大戰》系列，除了電影本身，還佐配以玩具、電腦遊戲程式、故事書，展開產品立體化（Merchandising）的市場總攻略。

此一風氣，開創於十八世紀。法國作家伏爾泰在老年遇到一件大事。一七六一年，法國土魯斯一個叫卡拉的老紡織商人，有一天發現兒子在家中抑鬱上吊自殺了。卡拉在城中名望很高，為了家門名聲，卡拉隱瞞了兒子的死因。城中謠傳，因為父子就宗教問題不和，時有紛爭，卡拉的兒子是父親勒死的。官府把卡拉逮捕，法庭判處死刑。

卡拉的遺孀求救於伏爾泰。這一年，伏爾泰八十六歲，已經是歐洲聞名的劇作家和歷史學者。伏爾泰認為這樣的指控毫無理據，人命關天，他指摘法國的法律不講證據，只憑民意的情緒就輕率把人判了死刑。伏爾泰花了兩年，力求為卡拉司法覆核，要求法律改革，卡拉一案，令伏爾泰名震歐洲，也成為現代社會知識分子貴為「意見領袖」（Opinion Leader）的

開山鼻祖。

法國的法庭終於為卡拉「平反」，但已經是卡拉處決之後三年半了，為時已晚。一百年後，法國的一個猶太軍官德雷夫被控叛國，小說家左拉為德氏奔走，指為對猶太人的排斥迫害，發表長文《我控訴》（J'accuse），這一次，社會深為所動，德雷夫的一條命保下來了。

身為作家，也是一位社會活動家——這個稱呼不應該由愛國富豪之類的人物壟斷——其人格不止在作品之內折射，而且應在行為之中引證，這就是「公共知識分子」。

中國歷代的文人，有沒有作品與行為並激的奇士？不能說沒有。南宋詞人辛棄疾就是其中代表人物。不但是詞中聖手，而且還是抗金將領，曾經親率軍隊，在金人佔領的山東起事抗擊侵略。後來屈於主和派抬頭的朝政，辛棄疾的軍事才情不受欣賞，被貶謫江西做閒官。

南宋的辛棄疾文武雙全，是抗敵的將軍，到了清末，譚嗣同和梁啟超，學優則仕，輔弼光緒皇帝改革維新，都是「有中國特色」的古典公共知識分子。然而，中國和西方這同一類

人，卻有很大的差異：西方的公共知識分子如伏爾泰與左拉，由伸援社會中的一個渺小人物的一件冤案開始，做的是小事，掀動的卻是一場後果深遠的思想革命；中國的公共知識分子如辛棄疾和梁啟超，喜歡以「保家衛國」為念，不是上馬殺敵，就是下馬忠君，自以為做的是大事，卻往往杜鵑啼血，英雄氣短。西方以人權為重，「人」是第一寶貴的，即使他不是國王或將軍，而只是農夫和鐵匠。中國以高遠的國家尊嚴為念，復又以君主的利益相淆，伏爾泰由小事入手，成就了時代大業，中國的讀書人一心都想幹一番功業，卻往往成為時代的悲劇人物。

史泰倫的小說與辛棄疾的詞，在文學的時空之中，屬於互不相干的兩個世界，但在東方知識分子的人格方面，在二十一世紀，卻提供了何謂知識分子的比較文化的課題。宋詞之中，我喜歡辛棄疾，他比蘇東坡激越而入世：「劉郎才氣，可惜流年，憂愁風雨，樹猶如此，倩何人喚取，紅巾翠袖，搵英雄淚。」豪情所至，卻又別有婉媚的洞天。至於史泰倫的

小說，我看了《蘇菲的抉擇》才讀原著的，對於美國文學，卻先天有點偏見的抗拒。這兩位名家的作品，不可以類比，但他們從屬的時代，卻又幻證了一個作家的千古悲哀。

因為所謂作家，終究不是一門職業，而是一項功業。中國的讀書人不是不意識到這一點，因此在追求「立言」之外，還希望「立功」和「立德」。然而功德之所寄，往往不在一個屙沉混濁的當世，而在於犀燃光明的青史。在中國社會鐵打的江山之中，君主的意志凌駕皇土，每當「國家」的廟堂將傾之際，方顯中國少數知識分子「上馬殺賊，下馬賦詩」的雙重才華。法國的一對公共知識分子，時隔百年，即有伏爾泰和左拉；中國從南宋到明代，則前有岳飛，後有土木堡之變後的于謙。同樣是濁世中獨醒的極少數，我覺得伏爾泰和左拉比較瀟灑，到了今天，他們在美國還有史泰倫這一類傳人，但岳飛和于謙的後裔又在哪裏？

吳爾芙之謎

伊莉莎白泰萊病危，評論家開始點閱她一生主演的名作，除了《埃及妖后》，還有一齣舞台劇電影，名叫《靈慾春宵》，原名叫「誰害怕維珍妮亞吳爾芙？」（Who's afraid of Virginia Woolf ?）

這齣喜劇的原作者，是一個美國小說家，名叫艾巴。有一天，他在紐約格林威治的一家酒吧，看見鏡子上有人寫上一句潦草的塗鴉。叫做「誰怕維珍妮亞吳爾芙？」他看着鏡子，陷入了沉思：誰留下如此神秘的句子？其中的涵義是甚麼？

吳爾芙是二十世紀初的女小說家，吳爾芙的小說許多都很難讀，因為她採用那時流行的「意識流」方式來寫作，也就是用一枝筆潛鑽進一個角色的心理深層，仿摹他破碎不連貫的潛意識獨白，通過他的眼睛和心理活動來過濾一個外在的世界。

文藝青年多半沉迷過意識流小說，三兩友好，在酒館捲紙煙沙龍吹水，不意識流一下，好像不夠生活欣賞的指數品味。意識流小說不適合市場，因為要讀者不斷猜謎，像一句文字：「茶杯。帆船。孔夫子。電費單。我。他媽。」這是甚麼意思？代表了佛洛伊德心理深層的那一種後現代結構主義的潛意識幻覺？投射了哪一類型的意志和表象世界的內在關係？翻了兩頁，讀者就會在內心重複一次這句話最後一截的那四個字——針對的是作者——然後放下了書本。

吳爾芙後來得了抑鬱症，原因是夫妻精神難以溝通，一說是英國處於第二次世界大戰，她感到很迷惘，投河自殺。這一段故事，在荷李活電影《此時此刻》裏也講過了。

吳爾芙之死，是死於空想的迷惘，鑽進了人物的意識流之中再也走不出來。「誰害怕吳爾芙？」在鏡子上塗下這句話的是一個哲人：在幻覺之中生存，是很空虛的。此一名句，出現在一家酒吧，酒吧是供人在酒精中追求幻覺的地方。一個長醉的人，感覺到酒醒空虛的痛

苦，但他勇敢地決定還是醉下去，這是一種朦朧的準自殺的精神境界，所以他問：誰害怕吳爾芙？給自己壯膽，也為後來者打氣。

鏡子上莫名其妙的一句話成就了一齣話劇，荒謬之中，也很深奧。人生就是這樣，像伊莉莎白泰萊，她的一生是浸在酒精裏的，如夢似幻，像霧還花，維珍妮亞吳爾芙她一定不怕。

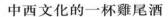

旅遊指南

世界上眾多書籍的作者之中，最令人敬重的是寫旅遊指南的一群。

旅遊指南往往沒有作者的名字，名牌出版社如孤獨星球和尤力西斯，由於店大，誰是作者並不重要，顧客只認出版社的招牌。

英文的旅遊指南，有的很簡淺，只告訴顧客怎樣搭火車，上哪一家旅舍最便宜，以及最划算的餐飲資料。有的很詳盡，旅行目的國的風俗、宗教、歷史比其他資料都豐厚。一本出色的英文旅遊書，作者夾敘夾議，文筆不失幽默，像一個第三世界的跳蚤市場，小心扒手，作者會這樣寫：「在這裏，如果你是一個熱心的社會主義者，想對推動貧窮國家的財富均分出一點力，不妨把錢包放在背囊，當眼鏡蛇從竹筐子裏徐徐爬出來，弄蛇人的笛子奏完一首小調，你才會發現，在旁觀者之中，有人悄悄地為你的行囊減輕了一點點負擔。」

在英語世界，每五秒鐘出售一本旅遊手冊。這是一門比藥廠更賺錢的事業，因為魅力四射的國際城市如巴黎，旅行資料不斷更新，每十四個月就會out。寫旅遊指南的人，跑到冰島的荒原和肯尼亞的曠野，行囊裏往往只有一本拍紙簿，一枝筆，一塊三文治，穿一件T恤，蹬一對涼鞋，在風塵中記下所見所聞，在出版限時之前一一核實，還要跟其他出版社許多作者和網絡競爭，天文地理，吃喝玩樂，旅行的讀者個個都慣壞了，他們要第一手享樂的情報，作者不知道讀者是多愁善感的文藝青年，醉生夢死的玩家消費者，還是把初戀情人帶去翡冷翠的一個膽怯的小男生，他的見識必須五湖四海，因為他的顧客三教九流，寫好一本旅遊指南，像投入一場戰爭。

但是只要沒有核戰，這個行業永遠很興盛，因為我們喜歡手持一冊旅遊書浪蕩天涯的感覺。雖然有點傻，在馬德里的太陽廣場，當你在噴泉邊閱讀着旅遊手冊中摺疊的地圖，永遠有走馬看花的外星人的感覺，但是，一個背囊，一個青蘋果，一本旅遊指南，兩條牛仔褲，

總令人感到七分任性和三分清狂。

一本旅遊手冊，販賣的只是一份浪漫的錯覺，讓你一個人旅行的時候，跟作者發生一場精神戀愛。他教你今夜往哪裏投宿，明天怎樣上山去看日出，當你年輕，需要一冊這樣的聖經，當旅行成為失戀之後一場短暫的信仰，當一本旅遊書的無名作者，為天下失意的有情人快樂地療傷。

天若有情

外國的書店，把文學作品只分為兩大類：小說（Fiction）和非小說（Non-fiction），是很聰明的安排。

因為讀小說的態度不一樣。讀一本小說，天長地久的格外要專心，從第一頁開始翻到結局，讀一本教導纖體減肥炒股票的所謂工具書，可以中間掃讀，前省後略，讀小說卻是一場投入的戀愛，而非小說的書類，不過是一夜情。

小說是為有心人而寫的。一個故事是一段充滿衝突的秘辛，需要讀者很專注地分享，小說有人物，他們是有血有肉的生命，他們的哀怨和歡欣出沒在起宕的情節之間，有如在森林中的一盞螢火，追逐間牽動着千古知音的慧心衷腸。

在一個始亂終棄的社會，還有多少人肯讀完一本所謂文藝小說呢？像《傲慢與偏見》和

《咆哮山莊》？讀一本文藝小說，心情須有一點點少女，咬着一隻青蘋果，赤足半躺在客廳的沙發上，看到驚情處，嘴巴微張，蘋果再也忘記咬下去，書中講到女主角月黑風高，來到海岬的懸崖之上，她的男友亦步亦趨在後面偷偷跟着，手裏揑着一把刀——讀到這裏，就會坐直了身子，把蘋果擱在几上，讀小說，怕都經歷過這等片刻的入定吧？這一種精神體驗，讀別的書，像減肥和湯水，是不會有的。愛讀小說的人，即使偵探武俠還是科幻，總是比較有情的，因為小說的讀者別無選擇，只有貫徹始終。讀完一冊金庸、瓊瑤、史提芬京或者倪匡，再找下一本看，讀小說的人情迷之中總有一份忠誠。小說的世界是一面鏡子，讀小說的人其實也在審閱着自己，小說人物的生命和遭遇是那麼熟悉，讀小說其實也是一種隱隱的自戀、自責，或者懺悔。

天若有情，都在一本好小說裏，讀小說需要一份細膩而私秘的共鳴的同情，而這一樣在學校是沒有得教的，這種共鳴的同情，如果可以傳染而放大，像《達文西密碼》一樣行銷八

百萬本，就成為全世界共享的一種道德基礎。社會的和諧，有時是靠一本小說，或者一兩位小說家，像左拉和杜斯妥耶夫斯基。小說創作，貴在自由，沒有自由的國家，像北韓，就沒有偉大的小說家，當然也不可能有和諧。說下去未免陳義過高了，愛讀小說，就像肉食之外加一點素菜，為精神的健康，只是為了避免無情。

指揮之王

香港管弦樂團演奏華格納，由荷蘭指揮家迪華特統軍。迪華特令香港管弦樂團重生——華格納不是阿豬阿狗都能演奏而指揮的，華格納的音樂宏偉而奢華，他創作《尼布龍的指環》時，要吃第一流的美食，穿最漂亮的衣服，空氣中必須噴香水，有美酒相伴，而且書房外要有一片華麗的風景。

是不是「整色整水」？有真本事，才會寫作出只應天上有的金曲。華格納的靈感很昂貴，他說：「我創作時，不可以像狗一樣生活。」

華格納的樂曲，在音色中看得見金光閃閃的殿堂和白玉生輝的樑柱，難怪百年後的希特拉成為知音，在華格納的音樂天宮中，他看到德意志的新羅馬帝國。

迪華特指揮華格納，是要告訴全世界：香港管弦樂團從此不一樣了，從前，他或許是一

隻病雞，但今天，在我手下，變成一尾火浴的鳳凰。指揮家在台上的表演，只是三成功夫，台上的功架和感應，卻叫台下的觀眾看出在幕後練習時的另外七成火候。指揮家的力量在練習和綵排之中，台上的笙簫弦管，百鳥朝凰，單簧管、小提琴、鑼鼓，凝望着領袖的那點，是一片渙散，還是充滿敬畏，觀眾在音樂千軍萬馬的矩陣裏，是看得出來的。

迪華特在台上，像華格納一樣，是一位王者。他是從荷蘭聘來的指揮家，但不是所謂打工仔，他是king，但他不過國王的奢華生活。一個指揮家，如果把自己當成打工仔，他會更注重「呢份工」的福利，例如旅行有沒有頭等機票，請他來出任指揮家這項高職，他會要求一所無敵海景的豪宅。

一個英明的僱主，在面試時聽見眼前的應徵者提出如此條件，如果懂一點點音樂的文化史，就會在心中自問：華格納作曲，才要吃魚子醬，喝頂尖的紅酒，要在書房中鋪幾吋厚的絨地氈，要梵爾賽宮一樣氣派的大沙發，你也要這等待遇，那麼閣下是不是華格納？

這個世界，有的行業，不是一般的打工仔，例如牛津大學的校長、泰晤士報的總編輯，以及香港管弦樂團的總指揮，雖然他們也受薪。迪華特領導的香港管弦樂團，把華格納驕奢的靈魂請回來，一夜之間，他示範了甚麼叫做The Art of the Impossible。證明所謂打工仔，也可以超凡入聖的，只要有膽識和毅力，只要有真功夫，他在香港的家，不是一座錦衣美食的行宮，但他是真正的王。

安魂曲

在阿姆斯特丹的皇家音樂廳聽了一場威爾第的《安魂曲》，全場爆滿。

安魂曲是天主教的彌撒曲，採用十六世紀教廷校訂的拉丁經文，各段經文之間的起承轉合極富戲劇性，對作曲家來說是現成的音樂會作品，一般人士，若是和一般葬禮上吹吹打打的喪樂混為一談，太辱沒了這種音樂的文體。

聽安魂曲，像欣賞杜甫的《秋興》，不是高深，而是要求另一種mood：不是史特勞斯之流的圓舞曲，拖兒攜幼，帶子女趁機「吸收吓藝術」的觀眾一概謝絕；更加不是甚麼界面派對。達官貴人不必精心打扮出席博出鏡，「打造」城市的文化氣氛。

況且，香港人喜歡講快樂，死亡是大吉利是的禁忌：即使信了上帝，也和燒香拜菩薩一樣，只為祈福。如果閣下是這等迷信的快樂人，安魂曲不適合你，因為安魂曲早就超越了一

般的音樂作品，而是一扇通向宗教聖殿的小窗，讓人學會思考終極的哲學問題，而不必聽團契的教友講福音。

歷代很多音樂家寫過安魂曲，不同懷抱，各有千秋，最富盛名的是威爾第和莫扎特這兩首。威爾第才情富豔，名利雙收，卻有點像宋詞裏的柳永，當時的觀眾嫌他寫的東西口味通俗，不夠高雅，但今天威爾第的歌劇，總是穩佔票房的前十名。威爾第以歌劇名揚天下，缺少「嚴肅作品」，當他碰到安魂曲這個題目，有意發奮，以顯示自己淵雅的修養，結果當然令人讚歎。

然而，聽威爾第的安魂曲，雖然是大師級，依然得聞一股「匠氣」，因為在他之上，三十三重天，還有樂神莫扎特未曾寫完的安魂曲。威爾第的作品，適合在歐洲演，歐洲觀眾本身有修養，又大多是天主教徒，清楚安魂曲的來龍去脈。甚至能背誦經文，皇家音樂廳現場的觀眾不時會跟着指揮的節拍搖頭晃腦。

但莫扎特的曲子卻通行全球，寫在天才彌留之際，不是為了演出，不是為了哀悼，而是靈魂遊出了天國地獄間的幽冥之境。像所有洩露天機的人一樣，他沒來得及寫完就離開了人間，不必細讀拉丁文的原文，也無須研習天主教的教旨，只要良知未泯，誰都能想像得到冥冥中的無形主宰，莫扎特的音樂足以帶人領教煉獄的烈火和天堂的靈光。

威爾第年輕時很自負，莫扎特對他來說只是個十八世紀傳說中的神童。威爾第不必和一個天才同期，其實很幸運：受到世人膜拜，但只有他自己知道。在樂神面前，他永遠是個二流的樂匠，生而成為威爾第，是多麼痛苦呢，胸襟不豁達一些，生存成為一種刑罰。除非像李白，登黃鶴樓，看見前人的千古絕唱，也顯然認輸：「眼前有景道不得，崔灝題詩在前頭。」天才叫人妒恨，既生瑜，何生亮？不要濫用這句話。

不是諸葛，也不是莫扎特，做一個威爾第。

天生樂觀，已經心足。

小天才

鋼琴天才太年輕成名，對他本人不一定好。

理由很簡單：十七八歲的年紀，不論彈貝多芬還是蕭邦，不可能與中年作曲大師的悲愴心境共融，正如叫一個十二歲的女孩子登台朗誦杜甫：「萬里悲秋長作客，百年多病獨登台。」她搖頭晃腦，厲聲尖叫，熱淚盈眶，痛苦得小身軀打顫，台下的評判給一百分。但這是矯情造作，因為她不是五十歲時貧病交煎的杜甫。

鋼琴這回事也一樣。演奏家的指尖，喚醒作曲家的死魂靈，讓死者的心魄，融入他的神經末梢，化為手指和琴鍵間的天籟。因此把蕭邦彈得出幽入暝的境界，只會是猶太人，因為蕭邦生前經歷流亡之苦，猶太人也有飄泊天涯之痛。

鋼琴家太年輕，技藝可以精湛，意境難以登攀，現成的例子，是前蘇聯鋼琴天才格里羅夫。

一九七四年，格里羅夫奪得柴可夫斯基鋼琴賽冠軍，時年十八歲。八十年代，即紅遍歐洲，他師從當時蘇俄鋼琴名師梁赫特，到德國灌唱片，酬金天文數字。

九十年代之後，格里羅夫忽然沉寂下來，沒有開一場演奏會，沒有再錄一隻CD。原來他的成功，正是他太年輕。年輕的鋼琴家，演繹名家的作品，贏得世界的掌聲，往往是出於青春的躁動，多於魔鬼般的激情，觀眾往往把躁動誤解為激情，青春期過去了，像格里羅夫，他忽然沉寂下來，觀眾相顧惶然：這是怎麼回事？難道是他的才華蒸發了嗎？觀眾不知道的是，這位青年鋼琴家沒有蒸發他的天才，而是激情的魔鬼，根本沒有來訪過。

一九九三年，他在法蘭克福有一場演奏會。票子賣光了，但他當天臨時通知在比利時的經理人，今夜我不來了，我要開始一段退修面壁的生涯，為期七年，經理人大驚，票子賣光了，如何向觀眾交代？但這位天才淡淡一笑，掛上了電話。

然後在維也納，他在灌錄CD的半途忽然發脾氣，走出錄音室。然後他離婚、破產，從

樂壇上消失。

二〇〇六年，格里羅夫又復出了，他已經五十歲。失蹤了十年，一批瑞士富豪還是捧他的場，為他開演奏會，他將在比利時皇后御前彈蕭邦。但他的脾氣，他彈鋼琴時年輕的張狂，令樂評家產生偏見，認為他是一個表演匠（showman），多於一個音樂家。世界對音樂天才多寬容，因為莫扎特的原故，但不是凡天才皆莫扎特，正如朗誦節，對一個中一女生，請不要用掌聲折騰她，她不是杜甫。

鋼琴藝人

彈鋼琴，跟寫小說一樣，不太令人信服，世界上真的有小天才。

偶而有年輕的鋼琴天才出現，指法嫻熟，技藝超卓，把蕭邦的波蘭圓舞曲和貝多芬的奏鳴曲彈得像一幅雲彩斑黷的織錦，非常的可觀，但往往限於可觀（spectacular）而已，不太令人信服（convincing），遑論感動（touching）。這三樣，是不同的質感。聽流行曲，不妨擁抱年輕，像披頭四、西蒙和卡芬高，才華都在二十出頭時丰姿英發，三十六七歲之後走下坡，四十歲之後凋謝。到了這個年齡，大歌星已經離婚三次，坐擁比華利山的泳池豪宅，他年輕的英名，結成一脂透明的琥珀，創作的生命早夭，但作品的光輝卻凝封在時間的晶囊裏任人唏噓。但是古典音樂不同，十八九世紀的作曲大師已成塵土，由鋼琴家演繹他們的靈魂。古典音樂的鋼琴家和指揮家，不是鬼魂本身，而是巫師。巫師這個行業，愈老愈靠得住。

因此無論卡拉揚還是何立維茲，光彩都在六十歲之後，他們讓貝多芬和蕭邦的幽魂纏身半世，人在激越低迴的音符的洪爐裏，煉成一盤老火湯。

聽鋼琴，總挑老的好。古典音樂不是電結他演唱會，不需要扭屁股的大動作，不需要紅綠妖閃的舞台燈，也不需要乾冰煙霧。鋼琴演奏，觀眾期待的始終是音樂力（Musicality）、直覺和洞慧，靈光一閃契合着天心，不需要七情扭曲面部戲劇性（Theatricality）。

因此古典音樂的演奏會比較沉悶，不要隨便帶六歲的小孩進場，不要以為令他自小受甚麼「薰陶」，沒有這回事，叫他聽完一闋巴哈，他如坐針氈，滿腦海都是卡通人物巴斯光年。因此，英國有「娜妮」（Nanny）這個行業，讓十六七歲的小女孩來當保姆，帶孩子帶一個晚上，因為家長要去聽一場古典音樂會。

中國家長，以上海為虛榮崇洋的核心，硬要子女學彈鋼琴，多年也是出於戲劇的炫耀，多於音樂力的心靈修養。彈的樂章，愈繁複多變、愈像十指玩雜技，家長愈有面子。多少中

了一點馬友友的毒吧，以為肢體誇張，即是名家，最好是四肢在痛苦中絞動，淚流滿面，忽然跳上天花板的大吊燈，十指仍在像狂風抽鞭子地在空中晃動着，而鋼琴的黑白鍵，猶在自動起落，世界是愈來愈 showy 了，連政客也只追求 sound-bite，不講內容。玩古典音樂也一樣。或許是偏見，流行音樂，老的艾頓莊那個樣子是猥瑣，但古典音樂，永遠是琴鍵中的一頭假髮，閃動着天國的光芒。

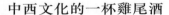

密碼狂想外的亂世危機

《達文西密碼》在歐美掀起一場文化風暴。教廷譴責，信眾惶惑，消費者癡迷，出版社賺大錢。雖然剛過了千禧年，但道淪德喪，禮崩樂壞，但混亂之中，美帝國呈現衰退凶象，中東的異端恃核行兇，《達文西密碼》對耶教文明的根基，百年罕見，對於全世界，都絕非吉兆。

對耶穌身世的質疑，《達文西密碼》絕非首創，小說故事的藍本《聖血聖盃錄》在二十多年前出版，也遠未構成今日的大糾紛。關於耶穌其人，戰後有許多荒唐的託臆附會之作，例如一九六五年，有一本論著《踰越大陰謀》（The Passover Plot），指耶穌根本沒有釘十字架，在最後一刻換了一個替身，也曾經一度暢銷，音樂劇《萬世巨星》和電影《基督最後的誘惑》更不在話下。

為甚麼《達文西密碼》造成的爭議比幾十年來的各種耶穌怪談更烈？因為作者善於包

裝。由家傳戶曉的名畫《蒙娜麗莎》開始，作者把普世的讀者帶來一座大莊園的鐵閘；走進花園，《最後的晚餐》是園中邸宅的台階；《岩間聖母》是那道拱門，然後才是甚麼聖殿騎士、天主教的主業會、黃金分割線，迴廊疊階，走進幽暗的核心。這一切又加了一層羅浮宮的包裝紙，由一宗謀殺案說起。作者說故事的技巧高明，佈局精妙，小說的結構如殿堂建築，不像從前類似的作品一樣開門見山，抬頭就是耶穌，而是把十字架之謎埋藏得很深，三步一樓，五步一閣，移步換景，引領讀者和觀眾尋找一線天。

《達文西密碼》在西方造成的思想混亂，亦屬空前，不只是小說家之狡獪，而是耶穌這個人神之間的聖偶的曖昧。在信仰和信史間，四大福音只是一堆自相矛盾的傳聞軼說，兩千年前，在巴勒斯坦這個地方，到底發生了甚麼事？與耶穌同期的人物如希律王和羅馬帝國的凱撒，在歷史上都確有其人，耶穌是一個精神的革命家，在加利利的荒漠上行走，吸引了幾百信眾，在歷史上又確有其事。但神蹟的行使、復活的異象，卻虛實相間，同時交織在史實的

山海之間，有如彩虹，顧盼在有無之間，首先要把史實搞清楚，才輪到論證神蹟，耶穌是人類千古的第一謎，因為這是信仰和信史之間的一場未竟之戰，也可能是迷信和科學的一場漫長之爭。

《達文西密碼》的問題卻是：既想挑戰信仰，卻又缺乏信史的考據，作者有科學論證的包裝，沒想到自己卻製造了一場新的迷信。想求證耶穌是一個凡人，不是不可以，在丹布朗之前，許多人都在做。《達文西密碼》故事的重心，在於「郇山隱修會」（The Priory of Sion）這個組織，因為作者說這個組織成立於十六世紀，一直保護着耶穌後裔這個絕密，並指科學家牛頓和小說家雨果都是會員，事實上這個組織卻是六十年代一個法國人的偽作，連BBC也上了當，以此為本拍了一部紀錄片《聖血聖盃錄》，以訛傳訛而大事渲染。如果這個組織是假的，則有如樓廈的地基是一片浮沙，《達文西密碼》也是滿紙胡言，且不論其他托偽之處，如蘇格蘭愛丁堡的羅思林教堂(Rosslyn)，不是甚麼「玫瑰線」（Rose Line）諧音，而是蘇

格蘭詞「山」（Ross）和水（Lynn）的合稱一類小謬誤。

對於《最後的晚餐》的解讀，指坐在耶穌右側的就是他的情人，反而無傷大雅，因為這只是一個觀點。《達文西密碼》把觀點、事實、想像交相拌雜，編造了一堆五彩繽紛的肥皂泡沫。這就不止一部虛構的小說（fiction），而是一個謊言（lie）。

區分小說和謊言，在於作者的誠意。因為事關信仰，影響重大，教廷要求電影在前頭加上聲明：「本片故事純屬虛構」，有如香煙包上加上「吸煙危害健康」，完全合情合理，然而作者和編導卻一口拒絕，這就顯示了陰暗的動機。把利益置於公義之上，在資本主義世界也經常發生，但對於耶教文明的國本問題，小說作者和電影公司卻如此寡廉薄恩，唯利是圖，以顛覆為樂，是太過份了。

根據民意調查，有七成美國民意認為小說的結論是真的。耶穌如果是人而不是神，其實與釋迦、孔子、老子一樣，不代表其信仰價值觀在一夜之間破產，但《達文西密碼》舉證不

足，歪曲事實，又不肯一再申明是小說家的奇想虛構，當「反智」漸成一種普世現象，大眾的思辯能力薄弱，東西方之間只有程度之分，並無本質之別，則一部小說成為災星，預示了一個亂世的降臨。

離經叛道的文藝先行，打破信仰，重建秩序，為一個動盪的世紀吹響號角，二百年來已屢見不鮮。十八世紀盧梭的《懺悔錄》和社會契約思想，引爆了法國大革命，預示了拿破崙登台；十九世紀末布蘭史托克（Bram Stoker）的《吸血殭屍》與佛洛伊德心理學與列寧的革命論說一同面世，登場的是兩次世界大戰和共產主義。《達文西密碼》的破壞力遠遠更為嚴重，揭幕的二十一世紀到底是甚麼？是核戰還是世界的毀滅？蒙娜麗莎的微笑，是不是一首密碼中的輓曲？

密碼遊戲

《達文西密碼》在西方熱賣，因為除了偵探懸疑，還有一門學問，叫做「密碼學」。小說的主角，是一個符號專家，憑密碼破解了耶穌身世的千古之謎。

密碼學，叫做Cryptology，是專門的學科，不但用於戰爭情報的通訊，在英語世界，從玩填字遊戲開始，「解碼」是中產階級和知識分子一門鍛煉腦力的消遣。

密碼學，其實由孩子開始已經可以玩了。最普通的叫做凱撒密碼，相傳是羅馬皇帝凱撒發明的：二十六個字母，本來由A起排列，但重建一套新序，譬如，改由D開始，那麼DOG這個字，就變成GRJ了。傳遞密碼的人，只要約定首起的是哪一個字母，就可以自製密碼了。

凱撒密碼最容易破解，許多人都玩過，因為英文字母的E，是最常見的，其次是T，打蛇打三寸，一目十行，只要找出最常出現的那個密碼字母，捉住，定為E，如此序推，凱撒

密碼的文字，只要智商有九十八，一分鐘即可釋謎。

另有一套叫維尼密碼，是一個叫維尼的數學家發明的，跟凱撒密碼同一道理，只不過先加一個Keyword，就像先配製一把密碼鑰匙。例如，使用密碼的各方相約，鑰匙是一個MAN字：M是二十六個字母中的第十三個，A排第一，N是第十四，那麼在一段密碼文字之中，以鑰匙三字母為據，密碼文的第一個字母，向後推移十三位，第二個字母，向後推移一位，第三個字母，是後十四位，三個字母為一序組，循環排列，像I LOVE YOU，按維尼密碼排列，就變成V MCIF LPI。

維尼密碼是腦力的巨大挑戰，因為要先破解那條鑰匙。鑰匙是哪一個字，有幾個字母？然後再把鑰匙插進密碼文，一條一條試。沒有一目十行的閱讀能力，再加嚴謹的數理邏輯，當不了一個解碼家。

喜歡密碼的人，可以參加一個叫「美國密碼協會」的俱樂部（American Cryptogram

Association），簡稱ACA，二〇〇六年八月這個協會在西雅圖開年會，歡迎會員自由參加，在會上，要一起解碼，提交新創的密碼遊戲，大會主席是一個代號叫做「老鼠」(The Rat)的神秘人物。

想玩密碼學，先從英文填字遊戲着手，這是密碼學的入門。有時候，偏偏須要打破成規的思考，從新的角度來猜碼。例如這一組字母：HIJKLMNO，也是一個字謎，請猜一猜，是一個甚麼樣的英文字呢？

答案其實非常簡單，用心猜一猜吧，記着，從全新的角度想。

隱學士

《達文西密碼》在歐美熱賣，因為西方社會喜歡「密碼學」（Cryptology），報紙每天有填字遊戲，有許多孤獨乖僻的異人（eccentrics），平時喜歡鑽進天文地理宗教歷史的故紙堆，專找冷僻的學問來研究：金字塔是不是外星人造的？海底的阿特蘭大城在哪一個位置？復活島的石像的臉孔有甚麼機密？也包括《達文西密碼》的命題：耶穌有沒有後裔？

凡此種種，都不登學術的殿堂，可稱為偏離的「隱學」。隱學，在科學和迷信之間，其求證的過程，也一樣需要數字和證據，但其先設的命題，外星人加撒旦，往往是偏執的狂想。倫敦和紐約，都有成千上萬這樣的隱學奇士，他們白天或為律師、醫生、的士司機、酒吧小老闆，夜間卻為一項奇僻的隱學顛倒半生。只要有一間書房，有一部電腦，加一點點私隱權，就有大量的隱學家。

有時隱學聲勢浩大起來，也會變成「顯學」，就像地下偏門生意，滾存的利益巨大，也會「合法化」的。一個國家，要有自由和寬容，對少數人的奇癖幸勿大驚小怪，不要有一大群父母姨媽、叔伯爺嫲聚而圍觀七嘴八舌地怨怪小孩「要多看正經書」，讀書要選科，不要只求「搵食」而只選理工和商科，才有隱學士而不是甚麼副學士之昌盛，這個國家的求知慾才會強旺，國民保持一份天地的好奇心，才會永遠年輕。在遠東，有這等胸襟氣派的國家，只有一個日本。

《達文西密碼》本來是這一類偏隱之作，小說家言，只合中產階級在加勒比海的小島沙灘邊懶洋洋地看。哪知道「這世上本來沒有路，走的人多了，也就成了路」，惡紫奪朱，明明是野花，都開成一個天香國，把牡丹也擠了出去，於是「老爺子」梵蒂岡有話說了。

如果在阿拉伯，作者丹布朗早已被五隻駱駝分了屍，但耶教世界不會，經歷過十字軍之亂和火燒女巫之禍，教堂知所而止，懂得寬容，像一個嘮嘮叨叨的母親：這只是本小說，你

們看只管看，不要信以為真啊。

這就是《達文西密碼》代表的所謂「軟權力」了，其他的文化，今天不准民間「反思」這個，明天也不許知識界紀念那個，也想建立自己的「軟權力」？別做夢了。

前一篇的字謎，HIJKLMNO，仔細看看，一列字母，由H排到O，就是H to O的意思，諧音是H TWO O，答案是：H_2O，Water——水。

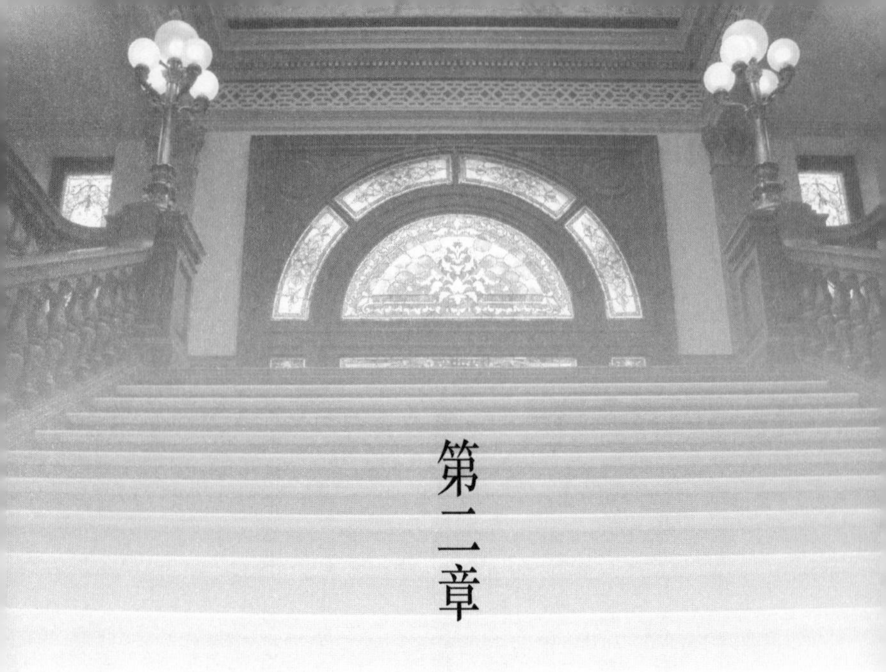

第二章

蕞爾小島的一根風流煙

計時炸彈

英國工程師大衛來香港，說起這個前殖民地的事情。「最熱門的話題，是中國的孕婦湧來香港生孩子。」我說：「香港的公共醫療制度，仍是世界最優秀的頭幾位，雖然這是彭定康積下的陰德。」

「但人人都說，英國撤出殖民地時，一定留下許多計時炸彈的，那麼今天香港的醫療制度，一定是炸彈了。」大衛用筷子靈巧地夾了一塊帶子，一邊咀嚼，一邊問。「不錯，」我說：「彭定康太壞了，這個王八蛋之壞，就是把香港的公共醫院搞得太好：醫生盡責，護士勤奮，醫療儀器，連同許多電腦，都是世界第一流的，還有一個很理性的專業程序。彭定康留下了這些，拍拍屁股就走了，今天中國的孕婦聞風挺着大肚子來香港沾便宜，搞得中港兩地人民情緒對立，這都是英國一手挑起的，你們這夥惡毒的帝國主義者！」

「可不是？」大衞再看看筷子端的炒帶子：「我們留下的醫療制度是大炸彈，你們中國的大肚婆，肚子裏馱着的，是小炸彈，兩個炸彈一起爆，殺傷力更大。」

英國的醫療制度，上層由一夥官僚霸着資源，下層由印度人通通「殖民」掉了，在英國，患一點點感冒看醫生，醫生一定是印度人，許多還是新移民，說話帶濃厚的加爾各答口音，溝通很難。

大衞有一次打球，斷了骨頭，看了一個印度醫生。醫生掂了掂他的腿說：「你的腿裏沒有工廠（No factory）。」他以為這就是廣東話說的「唔駛入廠」的意思，不用送醫院，聽了半天，才知道他說的不是factory，而是fracture。回家之後，膝蓋愈來愈腫，像大頭泡移到下半身長起來了。再掏腰包看私家醫生，才知道不但裏頭有「工廠」，而且那家「工廠」在不斷擴充營業，還打算開分店了。大驚之下，才送醫院，埋單數千鎊。英國人平時交稅連國民保健，佔月薪近一半，但孩子受好的教育，要送私校，看醫生，也要額外找私家醫生，付

了的稅做甚麼？都用來打伊拉克了。

「如果法國人得到這種國民待遇，早就造反了。」我說：「英國人的毛病是太過寬容：對政府、對國內伊斯蘭極端分子的新移民，你們太講甚麼政治正確的那套垃圾，有一天，你們會完蛋的。」

大衞沉吟不語，胸中似有無限抑鬱，輕嘆一口氣，又夾起一塊帶子：「我喜歡這道菜，比在布萊頓魚市場吃到的好。」

我不答話。我沒告訴他香港的海鮮不是含水銀就是蘇丹紅和孔雀石綠。這個世界，人與人之間還是保持一點互惠的不理解，有一點灰色的地帶，比較祥和而快樂。

風流煙

公共場所禁煙，引起爭議。可不可以例外？例如在一個豐盛的社會，總有幾個公眾景仰的人物，如果，他的特權，就是可以不遵守這等世俗的規則，在一家餐廳裏吸煙？

英國演員彼得奧圖的名言：「我不喜歡水銀燈，我討厭天氣。對我來說，所謂天堂，不過是從一個吸煙的房間，遊蕩到另一個。」

因為煙酒過多，彼得奧圖半生多病。他的醉酒紀錄，是有一夜跟朋友在巴黎喝醉，酒醒時發現自己身在地中海的科西嘉，中間的事情通通記不得了。這樣的生活，湖海縱橫，放蕩得很豪邁，只因為右手有一杯酒，而左手永遠夾着一根香煙。

逝世的李察波頓評論彼得奧圖：「他的聲音，破裂得像一根舊鞭子。對於別人來說，演戲只是一種技藝，只有少數幾個演員，一生能把這種技藝昇華到神秘、蠱惑而又惶惑人心的

層面，彼得奧圖就有這等本事。」

兩人是好朋友，常在酒吧一起吸煙喝酒。他們是戰前出生的一代。第二次世界大戰結束的那一年，他們才是少年人。忽然間，不必再打仗了，沒有空襲警報了，食物不必再配給，人人在街上狂歡，那種解放自由的喜悅，今天這一代永遠不會明白。彼得奧圖和李察波頓，都是在一九四五年被慣壞的一代，從此煙酒不離手，他們還活在少年時代戰時納粹的那場街頭嘉年華會裏，至今還沒有打烊。

兩人年輕時常常宿醉，大喊大叫，徒手攀爬歌溫公園的萊斯銀行的牆壁。李察波頓在酒吧，一看見美麗的女子，就走過去在她耳邊吟誦莎士比亞的十四行詩，吟到對方驚喜交集，秋波橫亂。一干舞台的煙儔酒侶，時時共聚，還有李察哈里斯，以及尚屬後輩的米高堅。李察波頓因肺癌逝世，哈里斯也在串演過幾集《哈利波特》之後走了。今天，與彼得奧圖一起煙酒的，一個舊友也沒有了，何以解憂？惟有杜康，還有半截燃燒的煙絲，站在死亡的河

岸，等待一葉歸來接渡的小舟。

如果彼得奧圖、李察波頓，還有海明威和畢加索，一起旅行來香港，在酒店的大堂，他們公開抽煙，經理干預不干預，警方罰款不罰款？出眾的人物永遠有淩駕俗法的特權。禁煙不算新聞，香港竟然沒幾個人物能由特首批准享有特權，像從前新馬仔合法抽大煙的傳聞，才是新聞，一個自稱的「國際城市」有沒有「文化」，有時只看有沒有那麼可以合法地違法的那幾個人，一縷青煙，不是毒物，視乎何人所噴，就叫做風流。

品牌神話

英超聯足球轉播權，在遠東的一個國際城市，炒成十多億，很令人佩服。

叫人佩服的不是本地富豪志在必得的豪氣，而是英超聯這個品牌，在全世界，特別是對於遠東的品牌叫座力。

品牌叫座的議價能力，最近，大陸的一些文人也看到了，指指點點，發明了一個名詞，叫做「軟實力」。他們很羨慕英美有那麼強大的軟實力，像英超聯，一個電視的轉播權，在一個地區就可以囊括十幾億。

品牌的叫座力從哪裏來？從這個國家的形象和信譽那裏來，別的國家踢足球，有氣無力的沒有人看，獨是英超聯和歐洲盃，全世界的人爭着看。別的國家億萬金元製作的武打片，求爺爺告奶奶地央賣埠，但一齣占士邦的新戲，一部《哈利波特》的新書，發行權和翻譯

權，價值千金，想買也得排隊，還看看他大爺喜歡不喜歡。

冤枉的是，英超聯的轉播權本來不那麼值錢的，在遠東就值錢了。為甚麼值錢呢？因為這個區域的人民嗜賭成性。在英國，英超聯也有許多人「賭波」，但英國人的注碼小，一場只賭三五鎊錢。北京、上海、香港，一干身穿歐洲名牌、口啣古巴雪茄的富戶，一場足球就扔進去一兩百萬。於是英超聯的身價，就由這幫意氣風發的盛世小農們，硬生生的用金錢的海洋浮高了。

碧咸、奧雲，還有朗拿度，都變了億萬富翁，因為在遠東和第三世界，他們有大量的暴發戶捧場。碧咸有錢，英國也有面子，連同其他的英國貨，像旅遊業，也一起旺盛起來。買他們的球隊，高價請他們的球星，搶奪他們的轉播權，只會把大不列顛這副招牌愈搶愈貴。招牌高貴，北京的富戶，也爭着把孩子硬擠進人家的寄宿學校，讓下一代接受最優秀的教育。

英國的軟實力，就是如此提升起來的，條件是在第三世界，要有成億上萬頭腦簡單貪婪

無道的傻瓜。全憑他們的愚昧，英國才會長期維持高貴的品牌，還有法國、意大利、西班牙，比起達爾文和牛頓，這個世界，傻瓜對文明的貢獻也很大，他們是真正的無名英雄，因此今年《時代》的風雲人物，就是一個字：You。

巴士鬧劇

「巴士阿叔」事件，是一場社會心理學的鬧劇，「巴叔」躁狂，一夜成名，從雙層巴士的午夜惡客，漸成為傳媒娛樂化的民間寵兒，香港「國際城市」的品牌，竟拜這位前特首候選人之賜，榮登英美報刊，成為一九九七年之後香港第一位土產「國際巨星」。

「巴叔事件」共有四方角色：第一主角自然是身世多姿多彩的「巴叔」，第二主角為遭受欺淩、軟弱無力的「四眼仔」；第三方為巴士上冷漠旁觀的乘客（包括以手機拍攝全過程的這位旁觀者），還有一個從未出場，但也相當重要的角色，就是屢遭巴叔以粗言穢語侮辱的「四眼仔」之母。

巴叔事件，是一宗心理暴力的欺淩（bully）個案。欺淩是一種社會心理學現象，在一個現代社會，欺淩至少有兩個層次：學校青少年的欺淩、辦公室上司對下屬的欺淩，還有就是

在一個極權社會，「國家」（State）對其統治的魚肉百姓的欺凌。

欺凌現象的特點，是有一個像巴叔一樣的「強者」。青少年最先在學校裏遇到暴力的欺凌。二〇〇〇年，加州大學洛杉磯分校調查了全國的中六學生，發現欺凌弱小的暴力事件不但普遍，而且在課室中的欺凌者，不但不是社會的邊緣人，還具有強者風格，在學生之中備受崇拜。欺凌者一般都自信十足，而且十之有九具有成為足球明星的潛質，他們有召喚球迷暴力的魅力。一個課室中的欺凌者（bully-boy）雖然是一名小惡棍，但容易贏得同學的尊崇（peer status），被毆打的弱者卻往往受歧視。在巴叔事件之中，「四眼仔」最初受公眾同情，隨即被遺忘。巴叔最終現身，不但有娛樂商人拉攏創造「商機」，公眾對巴叔由當初的厭惡反感，先轉化為好奇，隨而奉為「偶像」，「巴叔事件」是校園欺凌現象的延伸，其人成為「明星」，除了一句「有壓力、未解決」為香港人一洩抑鬱，說明香港人的心理尚處於校園的青春期。

欺凌者須要展示權力，許多中小企業的老闆在校園之外，不知不覺成為欺凌的第二法相——不但視某一看不順眼的僱員為眼中釘，三更半夜可以給他打電話，要他為公司寫報告，或在開會的時候當着其他人的面多番羞辱。歐美的「辦公室欺凌」(Organizational Bullying)現象相當普遍，最聞名的一宗，是九十年代新英格蘭的一家醫院主管放射治療部的主任，隻手遮天，對一名護士百般蹂躪，把她逼得瘋瘋癲癲，聲稱心理受創長達十一年。法國在一九九八年就立法禁止老闆對下屬以辱罵營造心理壓力，可謂人權的新典範。

「巴士阿叔」事件是一種城市的語言恐怖主義，目的是引起巴士上層這個小小的森林的一片恐懼氣氛。由「九一一」起，恐怖主義活動需要旁觀者，才可以達到最大的震懾效果。在中國的社會環境之中，巴士阿叔是一面狼圖騰，「四眼仔」在只是森林食物鏈之中的一頭山羊。魯迅青年時期留學日本，看見一段紀錄片，片中的日軍把一個中國人殺頭，圍觀的許多人麻木而沉默，魯迅有感於中國人的軟弱，棄醫從文，怨其不怒，哀其不爭，魯迅認為，一

個民族走向衰亡，是因為對暴君的欺凌啞忍沉默。

因此，「巴士阿叔」事件可以在「國家」的高層次來欣賞，巴叔對「四眼仔」的辱罵長達七分鐘，其粗言穢語的喧嘩構成了一個公共環境的污染，其他乘客的冷漠，與一百年前魯迅觀看的短片中的百姓心理類似。中國成語中雖有「眾怒難犯」一句，但在中國人社會，很難看見「眾怒」的場面，除非犯眾怒的那個惡人已經成為落水狗。一九七六年，中國政府活捉江青所謂四人幫之後，中國官方的宣傳輿論說：「對於江青這個白骨精，廣大人民早已看在眼裏，恨在心裏」。

「看在眼裏，恨在心裏」，就是對強權的啞忍和縱容，直到江青被解放軍活捉，據說她身邊的護士才紛紛對她吐口水。

阿里士多德說：「人人都會動怒，然而向正確的目標人物動怒，在正確的時機動怒，以正確的方式表達怒意，為了正確的動機而發怒，都是不容易的。」巴士阿叔的狂怒，目標、

時機、動機無一正確，但巴士上旁觀的一方，只要有人怒喝一聲，其動怒的目標、時機、動機，都符合阿里士多德的要求，但在中國人社會的「怒」的價值和方向往往顛倒，二千年的暴政，其根由在此。

「四眼仔」的軟弱，被一些人嘉許為「EQ高」。看完「巴士阿叔」的片段，我想起「九一一」那天，另一架飛機被拉登的恐怖分子騎劫，衝向五角大樓。在最後關頭，機上的一個男乘客率先高喊的一句：「我們動手吧！」（Let,s roll !）他領導乘客撲向恐怖分子，繼而同歸於盡，這句話激勵了文明世界的萬千民眾，荷李活為這位英雄拍了一部電影，並以這架客機的航班號碼為片名。

至於那位從未出場而又無端受辱的「母親」，有時是「祖國」的形象，亦是中華民族的一大心結。百行孝為先，「四眼仔」護母守土有責，動手反擊有理，儒家倫理的精神到了哪裏？「巴士阿叔」事件成為中國社會的一場縮影，了解中國，研究中國人，何須千言萬語的論述？一切「國情」的精華，盡在這小小的七分鐘。

懸念

空中纜車半途故障「半天吊」，變成大新聞。

有甚麼好大驚小怪的？乘空中纜車，最刺激的一刻就是中途停下來搖搖晃晃「半天吊」的時候。因為這是一段可以預知(predictable)的旅程上唯一的懸疑，而一切能預知的事物，都是刻板而無味的，像星期一上午九時半的上班：一個星期又開始了，都市生活的時間表又重複一次了。生命的其中一種悲哀，是那種日出而作日入而息的predictability。

只有平庸的人，才會喜歡這種生活，因為「穩定」。但不凡的人，會不甘寂寞，謀求打破生命的種種可以預知的規律。在雪山坐空中纜車，雪橇平放在膝上，而腿懸吊在半空，纜車突然在半空停下，會聽見前面的山頭一聲尖叫：依稀看見一個女孩子，依偎在男友的肩上，不無誇張而又有點醉翁之意地表達她的驚惶。有甚麼比這一刻更加甜蜜？空中纜車是一

套很可靠的機械力學：鋼纜和滑輪，吊臂凹嵌的地方，空中纜車是不會掉進深谷去的。然而從這座山看那座嶺，一段旅程如果太安全，不如發生一點點懸疑的驚險，在半空停下來，在風中搖搖晃晃，前不巴村後不着店，真正驚懼的庸人，是他們的人生太過安定而平凡了吧？其實一生總有這樣的時候：前路茫茫，下臨深淵，這是片刻小小的逆境，在在一刻懸念之中，不凡的人，卻洞觀了生命的哀愁。

乘空中纜車，是很矛盾的經驗：既祈求一路平安，但是潛意識之中，不妨祈求纜車發生一點點懸吊的故障也很好。當纜車的吊臂滾過一個山頭路段支架頂端的一排滑輪，發出一陣輕微的震盪，產生纜車快要失事的錯覺，那一刻固然令人有點心悸，感覺上其實有一點點迷醉。

不要穩定，追求懸念，是一種小小的叛逆。連幼稚園學生也學會了玩音樂椅遊戲：老師的鋼琴聲，小孩子繞着一排空椅子，一切都穩定，但老師的音樂甚麼時候戛然而止，卻是無法預知。高潮在無法預知的一刻，椅子只有九張，孩子卻有十名，註定有一個搶不到椅子，

會掉下深谷去的，這個遊戲是兇險人生的一場預習。

然而高空的纜車卻不會。纜車無故停下來的一刻，可以感受半空涼風的祝福，俯瞰大地的森林和河流。車身在搖晃着，一顆心也在忐忑着，如果跟心中的至愛在一起，這正是上天眷顧的一刻天機。

向她求婚吧，說：如果這時纜車掉下山谷，跟你在一起，我今生也無悔。

戲院災難

在IT時代，戲院是一個最缺乏靈魂的地方。

由於缺乏中產和知識觀眾，香港的戲院，變成一群不良少年的遊樂場，戲院必定設在商場，由1院到8院，一條轉折的自動電梯連接四五層，一大群染髮穿鼻環的少年男女，捧着爆穀和汽水的紙包物在自動電梯堵塞嬉戲。閣下的那間小戲院不幸在頂樓，先須忍受堵塞在自動電梯的這群少年觀眾的躁動。

當然，青春無罪，但為甚麼上這種戲院的青少年觀眾都那麼猥瑣？在自動電梯上下之際，四周探望，一個俊男美女也無，男生形貌猥瑣，一叢亂髮，瘦骨嶙峋，你撥撥我的耳朵，我敲敲你的肩，一雙雙在空中揮動的手像雞爪。

他們的女友十之有九都長就一副矇豬眼，身形平板，偏穿着暴露，手臂和頸肩露出五顏

六色的水印膠貼畫，通穿名牌波鞋，像市場的一籠聒噪的家禽，口水鼻涕的令人懷疑患有禽流感。

在戲院裏，這種觀眾是閣下的前後鄰座。怪不得戲院裏的許多公共宣傳廣告，像請勿吸煙、關上手提電話、一句話說完的呼籲，皆以卡通形式製作，原來是遷就這排斥語文電腦影像的一族。

戲院裏不是講電話，就是把弄膠袋，戲院觀眾的問題，是把私生活帶來公眾場所：他們沒有公共禮儀（Public Courtesy）的觀念，缺乏起碼的自制和矜持。

然後是戲院的職員：為甚麼像麥當勞，食物部都清一色僱用十七八歲的青少年，而且讓他們穿上鮮豔的制服，有時還戴上小丑帽？這個年齡，應該在大學讀書。電影的場次不規則，四時十分放一場A片，六時五十五分改放B，九時十分又是另一齣，不要分哪一種信用卡，也不要長者卡，票價理應通通八折。觀眾要從電腦接受場次淩亂和影院名稱相似的IQ挑

戰，生活已經緊張，售票員的一隻滑鼠，紅紅綠綠的這裏一click，那裏一閃，叫人頭昏腦漲。

《紐約客》有一篇散文，由影評人丹比寫他心中理想的戲院：「大堂應有一家餐廳，一個酒吧，一家小書店。開映前，觀眾可以翻閱一冊明星的傳記。所有的戲票都應該計好，不要排長龍。戲院的座位可以一挨寬敞，讓手腳舒伸。戲院要非常非常黑，隔音要好，不要在這裏看一齣寧靜的小品時，隔壁傳來《魔戒》第三集的瘋狂配樂。這一切要求很簡單，難道都是小資產階級的奢華夢想？」

這種觀眾，看戲只看場面，追捧偶像，不看其他。戲院水準下降，隨着的是貨品。多餘的是鴛鴦卡位，今日青少年情侶出火，有的是地方，片子再悶爛，都不須在黑暗中擁吻狎玩的，只會男歸男女是女的各歪倚在一邊，睡過去，鼾聲蓋過了《戰火旗蹟》一路的炮火。

膳恩

國際小廚神占美奧利華抗議英國學校的膳食，不滿學童吃太多垃圾食物。香港的學校，中午讓小孩吃飯盒。即食而浪費，飯盒只為了填飽學童的肚子。

有沒有想過，小學的一頓午膳，也是教育的一部分？還記不記得一年級，上學去，揹一個水壺，書包裏自備一張塑膠的桌布，一副刀叉餐具？

為甚麼這是教育？因為水壺是媽媽買的，盛餐具的盒子，也是夜夜由母親放在書包裏的。對於小孩，這是一種責任和叮囑。午飯的時候，在課室外的走廊排好隊，午膳的流動車，在走廊的盡頭，小學生一個個走上前去，領一隻碟子，讓女工把飯菜倒在碟子上。

今天是粟米肉粒，明天是窩蛋免治牛肉。捧着一碟子飯菜，走回課室，在自己的位子坐好，把書包裏的桌布拿出來鋪好，對着同學一起用餐。我的桌布是藍色的，跟刀叉是一套，

對面的那位小女生，金黃的桌布有許多朵紅花，卻帶了銀製的餐具。班主任走過來，笑着輕聲說：明天，請像對面的同學一樣，帶塑料的刀叉回來。

一年級，上過哪幾節課，長大後都記不得了，只記得幾樣顏色：深藍的手提行李書包，淺藍的桌布，深綠色的水壺，潔白而微溫的碟子，以及開學後頭幾天，戰戰兢兢領着飯菜坐下來，看看鄰座的小同學，那一份生怕犯規患得患失的淺淺的惶恐。

小學一年級的午膳，一個小孩子在朦朧中學會照顧自己。媽媽不在身邊，但她昨夜為你摺得方方正正的那一塊餐桌巾卻在，看見這片溫暖的顏色，母愛彷彿像一朵蓮花綻開在心頭。在小學裏，好好地進一頓午膳，這樣的教育，是一場小小的感恩。

午膳是一種儀式，不要簡化，不要用快餐來代替：一隻飯盒，大家樂或大快活集團經營的一客叉鴨飯，除了填飽學生的肚腸，應當明白，在一家學校裏，超越動物的飲食，尚有一層勾留半生的記憶，叫做溫情。

占美奧利華看不過眼：英國的小學生愛吃薯片，他要為孩子親自下廚。不止是食物的質素，還有包裝，還有領受午膳的過程，以及在進食前那一刻低聲的祈禱。不要小看這一切，讓孩子經歷這套溫暖的儀式，到他長大了之後，這一層記憶將成為他的人格的基礎，他不會在海鮮酒家的貴賓房裏把夥計呼喝過來，以上市公司主席的霸氣說：鮑魚太韌，普洱太涼，一拍桌子，高聲問：你知不知道我係邊個，叫你們經理過來。

會考中的一群孤魂野鬼

會考放榜，又到了社會年年濫情的時刻，高官競出「打氣」，「勝不驕、敗不餒」，「一次會考不足以決定一生」，聽得人呵欠連連。

這是一年一度的虛偽季節。正如政府的高官一面推行「母語教學」，一面把子女往英美的寄宿學校送，會考放榜的一片廉價的文藝腔，掩蓋不了殘酷的現實。

會考的十零部隊，許多平時打機、ICQ、啪丸，早已放棄，會考的劣績，他們不會介意，也不需要「心理輔導」。會考的「十優狀元」，備受華文傳媒狂熱吹捧，當然也不成問題。會考中最受打擊的，是成績沒有十優，只有幾科「良」外加幾科及格的「會考中產階級」，正如香港的經濟中產階級一樣，他們才是會考中陰陽界上半死不活的一群孤魂野鬼。

幾年前，有一位中學生喜愛音樂，尤好管簧，還得了全港冠軍。在九龍某名校讀書，會

考成績，全部是「BBC」之類，一科A優也沒有，學校不讓他讀中六，理由是預科學額對外招攬，為了名校校譽，學校必須把學額撥給七八個A的外來優異生。

這位會考生，在本校升讀不了預科，等同被逐出校，後果跟一個「十零部隊」的不及格學生完全一樣。他的成績，雖然沒有一科優，卻全屬B、C級的良，但在技術上，卻等同全軍盡墨。當然，如果他轉到非名校的Band 2升學，一定可以讀中六。但其實他的成績雖非優異，亦屬良好，卻被剝奪了升讀本校的權利，對一個年輕人自尊的打擊，冷血莫過於此。

許多名校，對於十多年後的校友，都以「母校」自居。中文的「母校」，真是溫馨萬縷，柔情無限，但做子女的，會考沒有一科優，只要有八九科良，這位「母親」隨時會翻臉不認，把他逐出家門。二十年後，如果這位音樂優才，能在美國奪了個甚麼獎，在白宮的美國總統面前演奏，兼得麻省理工學院的太空博士學位，成為美國認可的精英優才，他再「衣錦榮歸」，「母校」一定陪笑臉邀請這位「校友」出席晚宴，屆時校歌悠揚，懷舊依依，如果

這位不肖子，在滿臉笑容之際霍地站起，突然變臉，指着那位老去的校長：「我就是當年會考得了八科良，但沒有一個A，而不准在『母校』升讀中六的那個會考生，當年我拿着會考成績表在校長室裏下跪，懇求學校讓我升讀中六，但校長您端着一張冷臉就拒絕了我。您說我的成績沒有A，學額有限，學校的政策是都給了外面的優異生。那一夜我回家，跟我父親抱頭痛哭。父親向財務公司借了高利貸，才把我送去美國。親愛的母校，當年被您趕出門的兒子，今天又回來了！」

然後舉座鴉雀無聲，萬一有如此場面，一定很有趣。

會考制度之殘酷，是多面而深層的。「尖子狀元」之升天，「十零部隊」之渣沉，其實都不是問題，當中大量的夾心浮游階層，才是問題。況且大量補習社成市，會考補習「馬經化」，會考試題「博彩化」，連年的「狀元」，每有承認是「補習天王」的貼士有功。「狀元」的地位，漸與贏了三T的幸運兒相若，教育填鴨，補習稱王，會考令香港的教育陷入

「課程主義」（Syllabuism）的框條，全民惶趨附勢。

香港的「國際學校」，從來不參加香港的會考，與英美法等國際學制接軌，殖民地時代沿用至今，國際學校和本地中學的區分，是一種教育的種族隔離政策（Educational Apartheid）。許多高等華人家長，把子女往國際學校送，貪圖國際學校的「教育自由」，不強調考試範圍的課程主義，培育學生的獨立個性和想像力。國際學校看準此一心理，不但學費高昂，有些還向家長徵收教育保證金供校方保管投資。

特區八年，特區政府聲稱「港英」埋下許多地雷，改這樣，革那般，但「港英」創立的教育種族隔離的會考制度，特區政府碰也不敢碰，如此「教育改革」，未免令人發笑。

因為「港英」為香港精心設計的殖民地教育，相當迎合本土社會心理：讀書一求官運功名，二求謀生技藝，中國二千年來，嚴格而論，其實從來沒有現代意義的「教育」，只有「考試」。會考的「課程主義」意識，符合明清的科舉規條，課程考四書五經，包括《易經》、

《書經》、《詩經》、《春秋》、《禮記》，答題須仿宋代的經義，措辭必襲古人語氣，結構固定，字數限制，句法排偶，用詞對仗，亦稱八股，會考批改試卷，由教師嚴守一紙「計分制」(Marking Scheme)，也是一脈相傳的儒家考試精神。

考試矯情，教育虛偽，創意枯竭，人格壓抑，外則中國帝皇的科舉與殖民地填鴨教育交配成胎，尋求「尖子」，內則功名利祿和謀生實用主義雜生為魂，誤為「精英」，一個音樂才華蓬勃、填鴨成績平庸的名校生，只有遠走美國，接受西方教育，他日回來，難認這樣的「母親」，又豈不人之常情？

QI

特區敲鑼打鼓，拚了吃奶的力氣，推動「通識教育」，但「通識教育」沒有範圍，沒有課程，一干教師官員，像一堆螞蚱一樣胡跳亂蹦，把時事、基本法、交通、政治，胡亂堆塞。

大方向已經大錯特錯。通識根本不是一門「教育」。甚麼叫通識？不是考學生的IQ，而是發掘學生的QI，QI是近年英語世界的一個新詞彙。中港台的文化買辦和評論人們，趕緊抄錄這個新名堂吧：QI，是「真有趣」(quite interesting) 的簡稱。通識教育，不是由教師再往中國小孩的腦袋裏填塞一大堆天文地理、社會歷史的硬資料，而是讓小孩主動產生對天地萬物的奇趣：已經知道的星空，比起尚未可知的宇宙，當然是尚未可知的那一片空茫更加引人入勝。通識不是一種「教育」，而是一種魔法，令小孩主動拿起望遠鏡，自己尋找一切他自己「尚未可知」的知識玄空。

QI的這個Q字，就是玄機所在。Quite是一個很謙卑的字眼：This guy is quite well-learned——這傢伙相當博學；It was quite an interesting meeting——那一次見面，相當有趣，一個quite字，就叫人豎起耳朵、兩眼發光，抖擻精神，緊攏過來想探聽究竟。

培養一個孩子的QI，是首先令他在知識的海洋邊緣感到渺小和謙卑；其次，對一切他沒聽過的人和事，感到無窮的好奇。例如，在地圖上，忽然發現一個叫卓姆福(Chelmsford)的地方，所知道的，是這是英國倫敦附近的某普通城鎮。

然而一個QI的學生，在半小時內，他會主動搜尋到以下事實：一、十三世紀，這裏曾經是英國的首都，為期一星期。二、無線電大師馬可尼——不錯，廣播道側鄰的馬可尼道，就是以這位發明家為名的——在這個小鎮第一次轉播一場音樂會成功了。這些小知識，會考課程都不包括，知道了，也不會令閣下「搵一份工」的起薪點增加二百元，但多知道一點點，會發現這個世界充滿人情味的奇趣。It's quite interesting，這是福爾摩斯拿着放大鏡時脫口

而出的一句，破了一宗案，福爾摩斯多賺了幾元錢，多長了幾両肉？他不為這些，只為了好奇。

但中國是一個反通識的社會，教育變成「灌輸」，只有「授課」(teaching) 並無「啟導」(enlightening)。彭定康來香港，他出身的 Bath，只知道是一個城市，沒有興趣了解這個 Bath 的一切。功課繁忙，搵食緊張，那麼多無關痛癢的資料，變成負擔，知道來做甚麼？這是香港再過五百年也不可能實現「通識教育」的，死了這條心吧，省點資源，寫作人要說真話，對不對？

「古蹟」困境

天星碼頭拆卸，搬到海岸不遠處的另一座新古典大樓，社會的文化人士紛紛喊冤，指政府不懂保存「古蹟」。

天星碼頭只有四十八年歷史，其鐘樓也是一座很平庸的建築物，用混凝土造成，比起中環的舊郵政局、舊尖沙咀火車站的紅磚鐘樓，材料相當粗陋。

比起倫敦的大笨鐘、巴黎的羅浮宮，恐怕不算甚麼「古蹟」。對於三十歲以下的年輕一代，在他們成長的過程中，香港的主要交通工具早已不是渡輪，而是地下鐵路。對於新移民，這座鐘樓更沒有甚麼殖民地情感的「地標」意義，天星碼頭之「蜚聲國際」，因為五十年代末期的荷李活電影《蘇絲黃的世界》以天星渡輪取景。這部電影只是三流作品，今日的歐美遊客，恐怕也沒有幾個會為電影開頭威廉荷頓追尋蘇絲黃的一幕專門來香港看一看這座

舊碼頭。

世界上舊建築，不應該為遊客而保存，而是社會本身有實用和欣賞的需求。社會的欣賞和需求，則又與這個城市的經濟形態有關。例如意大利北部的塔斯坎尼近年成為歐美中產階級人士旅行的天堂，是英國首相貝理雅和美國明星湯告魯斯海外置業的至愛首選。塔斯坎尼不但是文藝復興的搖籃，大畫家達文西和雕塑家米開朗基羅在此地出生，而且塔斯坎尼沒有工業，至今經濟仍以釀酒為主，其出產的「奇揚提」（Chianti）舉世聞名，還有牛肉和橄欖油。塔斯坎尼的居民家中都有電視、電腦，城鎮都有戲院，他們都看過荷李活的文藝時裝電影，知道紐約和洛杉磯的美國中產階級不是住市中心的公寓，就是新澤西的花園洋房，擁有兩三輛汽車。然而塔斯坎尼的絕大多數居民恐怕並不羨慕這樣的物質生活，他們安逸於田園農家的悠閒野趣，看見紐約和洛杉磯的銀行家、富豪、退休外交家來到塔斯坎尼，讚歎城鎮無數中世紀教堂的建築瑰寶，覺得非常自豪，他們大概都覺得，生而為意大利人，已經是上

帝最大的眷顧，生在意大利的塔斯坎尼，不必富裕，已經擁有美食、佳釀、陽光、綠原，更是三生修來的六合彩頭獎。

意大利各地城鎮競選市長，不必提出甚麼「發展經濟」和「打造國際金融中心」一類的口號，也不必浪費時間討論意大利的「現代化」，到底該由米蘭、翡冷翠還是羅馬來做「龍頭」，西西里應該如何「開發」為高科技密集的「先進工業」特區。悠閒、快樂、知足、擁有此一共識，意大利全國的古蹟名勝，就沒有甚麼保育不保育的無聊爭論。這種全民認同的共識，就叫做一個社會的「意識形態」。

香港的「意識形態」跟意大利不同。香港缺乏藝術和音樂品味教育，與珠三角和大陸各地城市一樣，全民追求「搵快錢」，在「發展經濟」的共識中一齊呼喊「抓緊機遇」。香港的四大經濟支柱是金融、物流、旅遊、服務，而旅遊又以「購物」為自由行的主流。香港的捕魚業早已沒落，大澳漁民的下一代不會留在大嶼山的西陲繼承曬鹹魚和製蝦醬的「祖傳食

品工業」。香港的青少年視聽粵劇為「老餅」趣味、看中醫和跌打為落後過時的習俗。天星碼頭的兩三輛黃包車將會在幾年內完全「淘汰」。香港人喜歡「變」，因為變而聚財，變而生氣，香港是動態的，令東來的一個歐洲人驚歎其活力。但塔斯坎尼是靜態的，香港人去到那裏，除了掃購紅酒，會覺得意大利的鄉下生活十分「悶」，香港的「文化精英」，組團去塔斯坎尼飲紅酒者不少，在那裏置業定居，重尋老莊無為生活之樂的，一個也無。

香港的「發展」動力是地產經濟，這就決定了香港一切「古蹟」最終必然要全部拆毀的歷史命運。不但香港，北京、上海、杭州、廣州，也步上「香港式經濟奇蹟」的後塵，西湖將會填掉一半「發展」房地產，故宮太和殿和午門之間的空地，只要出得起錢，也將能興建幾座獨立的西班牙別墅，這只是時間問題。全民「奔小康」，包括香港人在內的中國人民，心中「小康生活」的定義是紐約多層高樓的公寓和美式的花園洋房，在此「意識形態」的洪流之間，沒有給「名勝古蹟」預留一席位。

十年前我剛從外國回來不久，也強烈主張香港的舊建築一幢也不要拆，以為巴黎、羅馬、塔斯坎尼，也是那樣的。今天我看開了。新界的稻田變成衛星城鎮之間怪異的「西班牙別墅」的丁屋，也是一種「市場民主」。香港和歐洲不同，中國小農的暴發式消費慾，跟塔斯坎尼田園居民的清靜之心，也屬於兩個世界，各有各的吸引力，對於古蹟的保養和維修，中國人的能力和才華也無法跟意大利人相比，不可把歐洲的一套價值觀強加於東方。

英國在全球殖民地留下的舊建築，香港的那幾座僅屬末流，例如印度加爾各答的維多利亞紀念堂，與香港的前立法局大樓同期，但氣派和風格卻以加爾各答的那座為優。新加坡的富萊敦酒店和人文博物館前身的殖民地議會廳，維多利亞風格比香港殘留的任何一座都更為華美。身為地球村的國際公民，有時不必拘泥於甚麼「文化定位」、「香港兒時記憶」，這一切，執着也勉強不來，因為中國和香港的意識形態主流是「發展」兩個字。市場的力量跟民意一樣，是阻擋不了的，何況香港是一座沒有記憶的城市，中國的下一代，許多連毛澤東

是誰也不知道。

一個香港的「文化」中產階級，如果擁有成熟的消費力，可以在香港賺錢，去曼谷度周末，去北海道過聖誕，在倫敦買房子，因為機票愈來愈便宜。香港的草根階層更沒有「文化懷舊」的閒情，喜歡家小同逛沙田第一城的冷氣商場，多於去「喜帖街」和「雀仔街」跟歐洲白人遊客一樣回頭駐足欣賞香港的「本土傳統」。香港的特首並非民選，區議會則雖是民選，關心的議題似乎是修建新公廁、擴闊馬路多於保存大佛口的一座色彩怪異的「藍屋」。真正的「文化人」，先要學會超越填海的維多利亞港，放下地域的包袱。四十八年之後，新的那幢仿古典的天星碼頭也會成為「古蹟」。

城市景觀

在一片抗議聲中，天星碼頭鐘樓拆掉了。政府拒不讓步，因為明明經過了四年「諮詢」。香港人不是到三天前才知道鐘樓要拆的，如果在三年前開始，每一年的除夕，大家都到天星碼頭來倒數，年年並由長毛表演裸體爬鐘樓，在公共場合因非法暴露的罪名含笑被捕，外國傳媒廣為報道，則效果大不相同，鐘樓的命運或可改寫。

現在才抗議，無疑有點太遲了。提議重造鐘樓，或把鐘樓搬遷，都是不成熟的主張。天星碼頭遙對大會堂，當中有一個愛丁堡廣場，旁邊有一個皇后碼頭，鐘樓與鄰近的建築物配襯一體，並不獨立成篇。正如倫敦的白金漢宮，御林大道外有一道圓拱形的「水師提督門」（Admiralty Arch），連接門外的特拉法加廣場，廣場中央有一條圓柱，柱上的銅像，正是當年特拉法加海戰一役大勝拿破崙的納爾遜將軍。廣場、城門、皇宮內外呼應，拱門的城道甚

窄，十九世紀的設計不敷現代車流應用，但無人提出拆城門，為了拓闊馬路，把城門搬到泰晤士河邊讓人仰賞。

天星鐘樓逝者已矣，香港景觀知來者而未可追。關於舊建築和古蹟的拆建問題，十多年前筆者早已論述甚勤，指出外國的名城，無一不珍惜舊建築。當時香港的主流意見還是所謂「舊的不去，新的不來」。現在愈來愈多人覺醒了，但十年的「經濟發展」步伐太快，北京舊城已經全毀，長江三峽的古鎮沉在水底，杭州西湖邊蓋了高樓大廈，香港也加入了拆舊的潮流。身為華人，對「中國」的認同愈來愈淡薄，但幸好地球一體化是最新的國際潮流，只要胸襟「國際化」一點，多認同倫敦、巴黎、羅馬，就會領悟世上一切偉大的建築，都是人類共同的財富，這樣就會比執着於一座天星鐘樓更加快樂得多。

中國人沉迷拆毀舊建築，其實是一種常態，尤其改朝換代。項羽攻進咸陽，一座阿房宮就是一把火燒了，滿清入關，倒把一座紫禁城保留，因為順治和康熙到底不是漢人，比起歷

代漢人的草寇皇帝，見識高了一線。比起歐美的名城結構，中國缺乏城市規劃的概念，因此才會拆掉全世界城市佈局公認最精巧的舊北京。在中文詞彙之中，就是沒有skyline這個名詞。Skyline是城市建築的大輪廓聳峙天空的那一條形狀獨特的線條，在歐洲，建築經歷了不同時期，歌德式多尖塔，巴洛克式重雕琢，羅馬式多圓頂，skyline像一道曲譜一樣，如果要更改，必須極為慎重。新的建築輪廓加入，須與舊的融為一體，正如天星鐘樓必須置於維港的藍天之下，背景為九龍的一抹青青的獅子山。

鐘樓既然拆掉了，香港的下一代，如果還有知識分子，就必須引領香港人思考一個問題：香港人到底想要一個甚麼樣的香港？不可以同時沉溺於「搵快錢」的樓股熱炒潮，同時又保留甚麼「集體回憶」，因為前者催生香港的地產主義經濟，而地產經濟之所以成為一種「主義」，就是因為這種經濟的物質意識形態與一切「城市美學」為敵。地產商是不會跟香港談戀愛的，他們豪門「大婚」，婚禮也只會選擇在外國舉行，坐熱氣球升空，俯瞰青山綠

野，而不是維多利亞港大廈林立的「經濟發展成果」。香港只是地產主義者的一頭母牛，人口太多，還不斷有大陸孕婦湧來產子，城市向高空發展，則「舊區」必須不斷拆毀重建。這種生活方式，是香港人自己的選擇。

特區政府聲稱，「在經濟發展和保留古蹟之間謀求平衡」；中國的李瑞環都說過，香港不要刮掉紫砂茶壺的茶垢。「平衡」到甚麼程度？鐘樓和殖民地舊建築算不算「茶垢」？不要說李瑞環已經不在其位，任何人下了台，其「最高指示」，大陸人民早就不會當真，只有香港的一些學者還對一名前任的中國領袖一片長情，有點令人感動。建立城市人文意識，如果是二十一世紀香港的重任之一，那麼今日起就要思考，一個很老套的問題，叫做「香港往何處去」？

天星的鐘樓，尖沙咀的五枝旗杆，凝聚過一代人的眺望和等待，沒有甚麼實用價值，是約會朋友和在世界的邊緣靜觀自在的地方（A place to meet friends and watch the world go

by）。「在世界的邊緣靜觀自在」——A place to watch the world go by，這句話很淺白，也很深奧，是淡泊而圓融的心境，正是中國的道家文化追求的生活，舊北京的佈局，以及老舍筆下的舊北京人的情趣，就是證明。奇怪的是，中國人本來應該比任何人都懂得舊建築的空間哲學，今天講起舊建築之道，卻似乎言必倫敦、巴黎、羅馬，才有一點點說服力。今天這個所謂「中國」，已變成英國建築家霍斯打（Norman Foster）的學徒的實驗場，發生了甚麼問題？已經令人沒有興趣「探索」了。今年聖誕節，你有沒有計劃去北海道的小樽，在雪地的運河邊瀏覽日俄戰爭前的北歐舊房子，到河邊的倉庫買點沒有孔雀石綠的東洋海鮮？

香港「邊緣化」

政府高官替北京傳話，指香港如果不再努力打拚經濟，香港即會在整個中國「邊緣化」。一九九七年七月一日之後，香港「邊緣化」是歷史注定的趨勢。「邊緣化」有兩大主因，第一：香港一直擺脫不了地產主義的泡沫消費經濟，董建華用「八萬五」政策打擊房地產，但同時沒有以建設性的策略配合同時轉型，用藥過速過猛，反而傷及萬千平民的生計命脈。去以色列走了一轉，參觀了那邊的「高科技」，回來後誇誇而談，八年過去了，香港跟「高科技」還是沾不上半點邊。七十年代，台灣行政院長孫運璿主管經濟，建設了新竹科學園，厲行電子工業，教育政策、投資優惠、幫助新興的工業家打通海外市場，只做而不說，造就台灣成為「四小龍」之一。

中國收回香港主權八年，香港經濟今天仍一依仗地產主義續命，二依賴中國開放「自由

行」救亡。投資一直沒有轉型，政府相信「積極不干預」，你既然不干預，商家自然樂於繼續最懶惰、最直接、最不需要知識技術的投資之道，也就是圈地而建土地庫。香港上自政府，下至平民，至今仍相信只要繼續「起樓」，無論是政府總部還是地產樓盤，就可以「製造就業職位」，殖民地管治時期，由麥理浩為香港選擇的「三高政策」，魅力至今未滅，令香港一沉溺下去就是三代，佐以「自由市場」積極不干預的講話，進入二十一世紀仍無以自拔，可謂高瞻遠矚，靈光智慧。

香港「邊緣化」的另一原因，是珠三角的廣東當局早已放棄了九十年代還跟香港「經濟互補、前店後居」的政策，而是「你搞甚麼，我也搞甚麼」，直接競爭。正如歐美許多城鎮，一名華人開了一家餐館，生意興隆，不久必有另一個華人加入競爭，同一條街搶生意，最後互相割價，寧願「攬住一齊死」，也不會「搵食行遠啲」，另行發展其他的事業。香港有貨櫃碼頭，珠三角也另搞鹽田和南沙，香港剛建成一個赤鱲角國際機場，廣州、珠海、深圳等

也先後落成了六個「國際機場」，其中珠海的「國際機場」，空闊宏大，離市中心遙遠，佐以公路「配套」，純屬「形象工程」，其中油水私囊，不在話下。香港有一個馬場，廣州本來也另搞了一個，但始終學不了英式馬場公正廉潔的綜合管理，沒多久管理高層即一一被捕，馬場也散了夥。

現在，廣州也要另搞一個「金融中心」了。本來不是「粵港互補」的嗎？甚麼時候「互補」變成了「你搞甚麼，我也搞甚麼」的「雙搞主義」？這個問題，特首和香港的甚麼代表，從來沒有、也不敢，向中國國務院總理問一句，香港本來想開賭場，「中央」不許，指會搶澳門的生意，那麼鹽田開貨櫃碼頭，廣州搞金融中心，也有明搶香港生意的威脅，為何北京沒有阻止？是中央「偏心」還是各地經濟諸侯擁權自重，連國務院也叫不停，而規劃無從。到底是「全國一盤棋」，珠三角和香港，在經濟上不走同一條路，陰陽調和，還是一窩蜂大幹快上，陰差陽錯，廣州、珠海、深圳，也許將來還加上澳門，一起爭面子，都紛紛搶先

「全方位發展」一起「打造」六七個所謂亞洲國際城市？

此一「中國特色」，在長三角也有。眼見上海成為長三角龍頭，杭州市政府也宣稱準備以一千億人民幣把杭州「打造」為另一座跟上海稱雄的「國際化城市」，而在美國東岸，紐約是現代化的紐約，費城是古雅懷舊的費城，費城的市長或「黨委書記」，不必藉把費城「打造」成電子高科技蓬勃、金貿興盛的另一個紐約而博取布殊垂青，上調華盛頓白宮中央。他也不必害怕，如果沒有這個工程、那個工程，有一天會被調到猶他州或鹽湖城。香港的「邊緣化」，由中國特殊的「經濟國情」所命定。

香港的「優勢」，金融和物流漸漸都因鄰近地區「你搞我也搞」而追越，而以廉價的勞工成本的優勢而日漸抵銷香港剩下的一點點本錢，就是英國人留下的「司法制度」。但對於香港英式的獨立司法制度，中國和香港親中勢力，其實葉公好龍，並不欣賞。資深的法官被視為「假髮黨」，為「港英餘孽」的大本營，多次「人大釋法」，即為針對香港獨立的司法

制度的政治鬥爭。八年來，中國驅使香港的親中輿論多次宣揚：法官審案必須「顧全大局」，質問「行政權力有立法會監察，那麼司法裁決又由誰來監察」，並要求恢復「包青天」式的中國司法傳統。香港的司法「優勢」，可以預見，在中國小農文化的滲透之下，終此一代，即完成「基因改造」工程，「回歸」到「蘇三起解」和「楊乃武與小白菜」的中國司法傳統潮流。從民族大義的「愛國」大原則來看，絕對是一件好事，說句老實話，如此則令中國的民族主義心理獲得一點點宣洩和平衡，為甚麼不鼓掌恭賀，全世界都樂觀其成？

香港做得到的，如電子通訊、物流貨櫃碼頭，廣東和中國也做得到。中國的青少年做得到的，如對知識的渴求，對歐美文化的崇慕，香港卻做不到。中國永遠做不到的，如三權分立、司法獨立而廉潔公正，香港終將也做不到。中國連想也沒有想得到的，例如污染纍纍的珠三角，缺乏一個真正的大公園，而自稱「超紐約、趕倫敦」的香港特區，為甚麼不模仿一下倫敦的海德公園、紐約的中央公園，而把早成地產爛攤的西九龍荒地，建為一個珠三角最

大的綠公園?這一點，香港自然也不可能做到，是故香港的「邊緣化」，是歷史與民族的宿命，看不到任何可以逆轉的可能，安然接受，看破、放下、自在，一個字，叫做relax。

問股

電台的股票烽煙節目，打電話進來問的泰半是中年女人。

「我半年前買了江西銅，當時股價六個幾，現在已經七元多，請問還有得上沒有呢？」還有山西的煤、鞍山的鋼，股神主持一聽號碼，企業的成績從頭細說：七元六角？還有得上的，止賺位定在八元好了。

問股的中年女人們，語氣惶惑，像二十多歲時出嫁的前夕，找一個知己密友問一問的那種神情——他不過是個文員，月入二千，父母是中產，個性雖然忠厚，但半年前發現他曾經背着在外面嫖妓，聽說與他的舊女友還時時有聯絡，現在他向我求婚了，該不該嫁他？

這位男士值不值這個價，往日業績是否穩健，將來還有沒有得炒上去，「止賺點」是哪一個價，當年都需要一個密友指點迷津，多半是中學的宿友，或者是從小玩大的表姐，在午

夜的燈下，坐在一張大沙發，茶几擱一壺碧螺春，尋找第三者的客觀意見，靜靜地訴説着這一切。

她是過來人，已經有兩名子女，一向御夫有術，持家有方，這許多年參商阻隔，各自棲遲在人海，打一個電話，她就在面前出現了，而且是一個很體貼的聆聽人。「男人終歸有過去的。」她伸出一隻手，捏着一方絹帕，把自己的手輕輕按住：「他都三十了，以前哪裏沒交過女朋友?若是真的沒有，才需要擔心呢。頂要緊的是他疼弗疼儂，記不記得你的生日，第一次看電影是哪一場，在哪一家電影院看，那天你穿的是哪一條裙子。」不愧是好姐妹，夜闌人靜還裝得下這許多貼心的事情。「將來的光景，誰顧得了?」她笑一笑：「像我，當年決定嫁給吳先生，也是兩眼一抹黑，一頭就栽下去了，真有點像跳崖呀。這些日子，還過得蠻好。」

女人比較重視細節：一方手帕、一杯清茶、沙發上的一夕長談，促使她作了一生最大的決定。男人有沒有事業，終究在其次，下嫁前的一夜，女人如果有點踟躕，怕的是他的這顆心會不會先停牌，繼而清盤，讓她血本無歸。

但天下又沒有只升不跌的股票。一朝春盡紅顏老，終歸是花無百日紅。電台主持說：把止賺位定得低一點吧，為甚麼死抱住江西銅？當心南美洲的銅價報跌，影響國際市場，必要時放掉一半，留意一下電訊比較好。女人幽幽嘆一口氣，掛上了電話。婚姻是感性的，股票是理性的，感情的抉擇，女人需要閨中密友諮詢，理性的買賣，也要電波中的專家提點。那一夜，那張長沙發，那壺綠茶，一頁褪色的記憶，她一生的憂慮，是她永遠不知道何時才是止賺位，兩眼一抹黑，就像跳崖，一顆心就此沉墜下去，抓不住一縷青雲。

有社會契約就不怕貧富懸殊

無論在大陸還是香港，解決「貧富懸殊」成為政府面臨的壓力問題。自從人類有史以來，貧富懸殊都從來沒有消失過，羅馬帝國有輝煌的文明，卻有貴族元老和奴隸的懸殊；英國維多利亞時代也文顯武赫，曼徹斯特和倫敦都還有孤兒院和貧民窟。

貧富懸殊是正常的，關鍵是貧富之間，有沒有一道不成文的社會契約，在貧富懸殊之間維繫長遠的公正。貧富懸殊也可以實現公正，如英國是一個等級社會，太平盛世時，貴族佔有莊園的土地，狩獵、喝下午茶，生活悠閒，惟獨戰爭時，貴族卻必須身先士卒，第一批投身戰場。在牛津大學的基督學院，門堂的牆壁上刻滿兩次世界大戰中加入空軍和陸軍而殉國的校友，他們絕大多數是爵侯子弟，富有學養和膽識，身為精英，保護國家，責任為先，這就是在等級社會的不公平之中維繫長遠的公正。在和平時期，工人和中產階級都要繳稅維繫

貴族王室的特權，但同時又建立了一個成熟的社會福利制度。馬克思預測英國會成為第一個爆發無產階級革命的國家，馬克思的預言落空，除了沒有想到工業革命會衍生一個技術知識中產階級的腦力勞動者，馬克思對英國社會制度認識不深，不知道英國在太平時，貴族優先享受特權，亂世時，貴族也優先抵受痛苦，在懸殊的等級之間，有公正的遊戲規則。

如何在一個貧富懸殊的社會維持「和諧」，英國的官治經驗豐富，無非是實踐「在不公平之中維繫公正」這一條看似矛盾，其實大有道理的「悖論」（Paradox）。殖民地時代貧富懸殊，但中小企業和山寨廠生機蓬勃，只要肯自食其力，香港人可以從木屋搬進屋村，從屋村搬到私人樓宇，漸漸住進半山豪宅。英國的等級森嚴，一個利物浦的倒垃圾工人不可能會搬進倫敦白金漢宮附近的豪宅區，英國社會缺乏向上爬的社會動力（Upward Social Mobility），但貴族比平民負擔了更多的國家責任；香港一有戰亂暴動，有錢人卻可以搶先移民而棄船，有錢人不必負擔多於平民的社會責任風險。但香港的窮人，在殖民地時代，卻擁

有向上爬的社會動力。英國和殖民地香港，在貧富之間，經營的是兩種不同的社會契約，英國沒有革命，香港在殖民地時代也沒有示威遊行，因為只要有社會契約，再貧富懸殊的社會也有穩定的。

大陸和香港，兩地都出現貧富懸殊的問題，兩地政府都在擔心社會沒有「和諧」，理由正是中港都缺乏了任何形式的社會契約。中國大陸改革開放，國企私有化，倘若財富的分配權和政權一樣，牢牢在黨官之手，黨官可以把國企以低價賣給裙帶的私親，擁有裙帶關係的人還掌壟貸款的銀行，缺乏三權分立的監督和新聞言論自由，黨官及其近親即可迅速壟斷財富。香港雖然也實行「資本主義制度」，但經濟以地產主導，實業工種北移，中小企的經營又面臨昂貴租金的威脅，「貧者愈貧，富者愈富」不是問題，「貧者永貧，富者永富」才是社會不安的危機。

業主可以濫加租，任意剝奪中小企在消費經濟之中得來不易的微利，住在衛星市鎮如屯

門、天水圍的下層市民，到港九市區上班，要繳付昂貴的地鐵和輕鐵交通費。在這種局勢之下，本來唯一的社會契約，就是議會式民主，但普選之路堵塞愈久，怨氣積壓，貧富階級的衝突愈尖銳，不要普選，可以，但有沒有另一種維繫公正的社會契約呢？特區政府不能重建社會契約，只能繼續以「民意調查」的指數為施政的標準，沒有民主，反造就民粹乖張，行政權威更陷於被動。

中國百年現代化之失敗，因為只以為現代化就是物質工具的現代化，從來沒有明白社會契約才是現代化的精神所在。環顧國際的發達國家，從美國、北歐到日本，都有不同形式的社會契約在維繫着公正，不是亨利王子要優先服兵役，就是富人要課以重稅；不是國會和總統由普選產生，就是草根低下層可以創下無數拚搏向上爬成功的仙履奇緣式的神話。一個缺乏社會契約的國家或城市，不論經濟增長是百分之八還是百分之九，都必然是一個壓力四迸的洪爐，和諧和穩定，一切只屬夢想。

地理政治學

建議把特區政府總部搬到東九龍的啟德舊址，是無知的天方夜譚。

為甚麼？因為在政治學裏，有一科名叫「地理政治」，研究地理因素對國運興衰的影響。政府總部搬到啟德舊址，毗鄰的是甚麼地區？看看香港地圖：馬頭角、新蒲崗、黃大仙、牛頭角，這些地區是失業和綜援戶偏高的第三世界。

香港人的遊行示威，包括反二十三條的五十萬人大遊行，一向在港島的維園出發，沿住灣仔、金鐘，步行到中環炮台里的政府總部門前，靜坐交請願信，都以中環的政府總部為終站。特區政府總部搬到東九龍，以後示威遊行，通通改在尖沙咀天星碼頭的「五枝旗杆」出發，經彌敦道、油麻地、旺角，再右轉東九龍。沿途經過的全是貧窮人口密集的地段，不斷有失業者和金毛青少年加入，聲勢壯大，到得東九龍，可以匯集上百萬低層的貧困大軍，示

威人士情緒容易失控，暴動的風險，遠比港島高，到時火燒東九龍，釀成大流血，完全不足為奇。

香港戰後的兩場暴動，一九五六年的一次，由國民黨地下勢力策動，始於李鄭屋村，一九六七年由土共策劃，在新蒲崗大有街一家人造膠花廠點着火頭，都在九龍先煽動起來。

香港人的遊行示威，秩序良好，是因為遊行示威在港島的心理因素。示威在維園出發，公園是休憩之地，樹木處處，群眾的情緒先自平息了一半。示威隊伍經過金融區、政府大樓、立法院、終審庭，充滿精英的「文明」氣氛，示威者的群眾行為也受潛移默化的影響。

一九八一年，英國利物浦發生黑人貧民大暴動，暴動地點在利物浦最貧困的第八區和聞名「九反之地」的托斯德（Toxteth），這個地區長期是被英國政府遺忘的陰暗角落，如果市政府設立在這裏，市長一早就被絞死焚屍了。

親中政黨力促在啟德地段興建政府總部，又是搞民意調查，又是委託測量師估量經濟效

益，聲稱可以為庫房進帳六百五十億。這些「政黨」能不能暫時脱離一個「錢」字？政府總部必然在中環，因為中環是香港的經濟、政治、文化中心，因為當年英國軍人義律，發現了華南珠江口岸的這個唯一的深水港，在堅尼地城先上岸，在水坑口豎起米字旗，這個地方就叫做「擁佔點」（Possession Point），然後上環一帶民眾聚居，洋行在中環開設，背枕太平山，北眺獅子山，然後是植物公園、港督府、聖約翰教堂紛紛建成，中環是香港的地眼龍穴，也是香港的鳳凰巢。

中國傳統的地理政治學，是有一套智慧的。中華民國建都南京，是孫中山的堅持，當年許多人認為不可，因為南京是六朝金粉之地，盛於魏晉南北朝，唐代建都長安，南京的地運完結了。不止南京，陰柔的江南都不宜建都，南宋偏安杭州，就是難逃覆亡命運。

南京無險可守，北面是平原，東臨吳淞口，西接長江，共軍南侵，「百萬雄師過大江」，一下子就垮了。太平天國亡於南京，孫中山以為「反清復明」，學朱元璋一樣「還都」

南京，沒想到四十年不到，就葬送了他手創的民國。

上上之策，政府總部其實根本不必遷移，英國的唐寧街首相府用了三百年，見證了帝國的盛衰，一條短街上的一座小公寓，一度能指揮遠東的印度，英國人喜歡舊，最諳實而不華的地理政治智慧。

新任特首到底是一個中國人，中國人的性格基因就是喜愛面子和充排場，新皇帝登基，你新建一座紫光閣，我再新起一座暢春園，但無論如何搞新花樣，軍機處只能在紫禁城，不會搬去圓明園或熱河承德。

英國在管治香港時，也玩過一點點地理政治學。港島的政府大球場、南華體育會、掃捍埔球場，都集中建在加路連山。那裏的地理形勢，是一條加路連山道，形成一個布袋之勢。為甚麼？因為足球體育中有政治，國共兩派在五六十年代有自己的球隊：光華、東方、愉園、東昇，足球是貧苦大眾的娛樂，容易情緒化，暴動隨時會發生。前殖民地政府把三個球

場集中在一個山谷，一條路進出，一旦出事就可以用警察在兩端一封，就可以在最短時間平定亂局。

廣播道為甚麼以前又稱五台山？廣播道的地理形勢也是一樣。萬一出現亂事，電視台和電台被佔領，發出軍警也可以在廣播道兩端據守，一網打盡。

這些殖民地的小小智慧，英國人不會教給本地人，但為甚麼一定要事事靠別人來教？難道你自己沒有腦子？「帶旺地區經濟」，不必憑建一座政府新總部，否則紐約市長朱利安尼，早就搬去哈林區上班。

九鐵風暴

九鐵事件，本來是一場辦公室政治，卻升級為社會大風暴。華文傳媒紛紛以中國宮廷歷史的情緒解讀，成王敗寇，初而頌揚黎文熹等為「六壯士」，繼而又貶二十名召開記者會的高層人員為「亂臣賊子」，其中並無理性的標準。曾蔭權以「天子」之尊，平定「兵變」，嚴懲「亂黨」，則輿論一片「痛快」之聲，看見此等報道，令人不知是身處清末北京的宣武門外大街，還是二十一世紀的所謂「亞洲國際都市」。

即使由中國的邏輯來看：中國人性格柔弱溫馴，對於強權暴政有超級的承受力，不到活不下去的程度，決不會「起兵造反」。二〇〇三年七月一日香港五十萬市民大遊行反董，是因為日子已經被董政權搞得過不下去。九鐵的「雙黎亂黨」，人人都有高薪厚職，如果不是憤怨難當，豈敢膽大包天？即使「誅亂黨」而梟首示眾，九鐵的問題還是沒有解決，中國人

內訌，最終由一個超級英殖舊電池、洋人詹伯樂來收拾殘局，這正是一台戲最滑稽的高潮。

九鐵風波，本來是自命「西方管理文化作風」的田北辰的強悍人格與九鐵行政官僚集團的衝突。在政治管理學當中，個人性格(Personality)對大局的影響是關鍵的一環。在美國外交史上，甘迺迪世家公子的驕橫性格，憑直覺和衝動而愛豪賭，在任內釀出了豬玀灣入侵和古巴飛彈危機，政府官僚側目，國會譁然。甘迺迪被刺之後，繼任人約翰遜缺乏安全感，把一場越戰「個人化」，視越戰為他自己的戰爭，美軍為自己的兒女，越共頭目胡志明為他個人的仇敵，最後充滿憂傷，黯然下台。這些獨特的領袖性格，導致美國外交決策像過山車一樣起伏跌宕，刺激萬分，以尼克遜和基辛格為高潮，美國人受夠了，一個平庸的卡特過渡，自列根以後，美國重新走上精英治國的正軌。

田北辰當然不是美國總統那一級的強人領袖，但出身紗廠製衣，其「領導才能」必然是「微觀管理風格」。

製衣是一項實業，從接訂單到運貨，其中環節繁複，一件襯衣的鈕扣旁的一排線口，到底縫幾針，買家往往都有清晰的規定，老闆往往要親自主持品質檢控。五十年代崛起的香港紡織製衣商，正是微觀管理的實業家，他們是舊上海時代最早懂得西方合約精神的中國商賈，謹小究微，洗脱「差不多先生」作風，田北辰當了九鐵主席，把九鐵誤點上報問責的時間從二十分鐘縮短到七分鐘，正是以製衣業的針眉線目來管理九鐵這樣一家重機械運輸工業的龐大公營機構，在九鐵行政官僚眼中，外行領導內行，田北辰卻又以七分公子驕氣、三分「鬼佬作風」強硬對抗，不講中國儒家文化的「和諧」之道，又豈會不砸鍋翻車？

九鐵的車廂的組件出現裂痕，不是誰的錯，問題出在車廂是從英國訂造，正如把英式議會民主移植中國小農社會必定出現的「橘越淮而枳」的水土紊亂錯配。憑常識即可判斷：倫敦佔地廣闊，兩個車站之間相距遙遠，列車從甲站甫一開動，全速行駛，動不動要經歷十多分鐘的旅程方慢煞車抵達乙站；香港新界「發展」了許多衞星城市：沙田、大圍、火炭等站

之間，相距甚短，火車剛開，旋踵又要慢煞車進下一站，機器一弛一張，緊縮(compression)頻仍，機械金屬又豈會不消耗磨損？特區政府在向英國訂造車廂之際，早應向英方生產商列明九龍新界車站路線地理的特殊「國情」，要求英國工程師為新界衛星市鎮的密集鐵路線訂造特殊的車廂機械部件，並在合同中訂明，檢查維修，由英國方面長期包辦負責。

把本來用於英倫地理的列車硬件，用於鐵路短、車站多、人口稠密的新界，其技術謬誤，尤甚於把一個假洋鬼子大少爺空降九鐵當主席來領導一批殖民地行政官僚，亦正如以普通法立命的香港，其所謂基本法之最終解釋，最終受制於一個秦始皇集權精神的家長中國。這樣的錯配，大大小小，中國自清末洋務運動以來見得多了，多添一宗九鐵的鬧劇又何妨？

漂亮動人的口號

特首競選連任，競選口號引起爭議。「競選」在香港是一樁新鮮事，競選口號的「創作」更為香港開埠以來所無，尤其出自一名特首的競選辦公室，譭多譽少，十分正常。

如同廣告口號一樣，競選口號是一門精密的創作，由於面向社會大眾，口號必須精簡、易懂、容易記憶而傳誦。英語世界資本主義商業發達，不但商品口號擁有百年的創作歷史，最重要的是擁有言論和思想自由。有自由的社會，口號佳句紛陳，才思勃發；沒有自由的社會，口號僵化而低等，不脫「請用」哪一類洗粉、哪一種藥品「天下第一」之類，令人昏昏欲睡。由商品和政治口號的高低，看得出那個社會的民族智慧。

因為傑出的口號，必定言簡意濃，把每一個字眼的意義、音節、暗示的空間使用得最

盡，富有機鋒和幽默感。例如，喝酒像吸煙一樣，有損健康，酒類商品，充滿爭議，健力士啤酒的廣告，就叫做「沒有健力士，大事不好。」(Guinless isn't good for you)，把健力士的原名Guinness，當中換了一個字母。另一句是「天啊，健力士！」(My goodness my Guinness)，是玩弄英語名詞第一個字母的頭韻。絕妙的英語口號往往不可能中譯，原文的創意早在百尺的前頭，每一個字母都會跳舞而飛躍，每一個字都是點鐵成金的奇蹟，一譯成華文已經失義失神，就叫做所謂「迷譯」(lost in translation)。

積架汽車的廣告口號，呼籲消費者看了製作華美的電視廣告之後，不要怔怔地發呆，要馬上買一輛：——「Don't just dream it, drive it」，「做夢」和「開車」兩個字都以子音Dr起頭。英國旅行社湯瑪士庫克(Thomas Cook)，以同名探險家為名，更進一步：「Don't just book it, Thomas Cook it」——不要只訂位，訂庫克的位——在標語的字裏押韻，叫做「內韻」。

口號創作以才氣居先，像麥當勞，最初有人設計：「東岸風格的三文治、中西部的微笑」

(A sandwich served with an east coast style and a mid-west smile)，以為「風格」與「微笑」押韻，卻不及後來的一句「邊個話『麥當勞』？」之傳神——「Did somebody say McDonald？」因為麥當勞近年備受社會學家指摘，指麥當勞積累太多油脂和膽固醇，吃壞兒童，引起心臟病，麥當勞被視為全球經濟侵略的元兇。「麥當勞」這個名字，日漸成為「經濟帝國主義」的同義詞：「是誰說了『麥當勞』的？」這句問話，像一個幼稚園女教師豎起耳朵，環視課室，笑着向班上的小孩，像一個禁忌的字眼，有人說溜了嘴，老師問：是哪位小朋友說的？請他舉手招認。這個口號，用豐富的暗示層次，傳遞了麥當勞廣受兒童歡迎，卻又備受成人攻擊的微妙處境，是廣告口號的神來之筆。

政治口號也一樣，煽動力強烈的口號，必定精簡，法國大革命的「自由、平等、博愛」，只是三個字，訴諸浪漫的情感，三十年代的中共，在農村鼓動共產：「打土豪，分田地」，六個字勝過了千言萬語的一冊《資本論》，然而是不是所有的「土豪」都該打？強

分田地，是暴力的搶掠，不是理性的行為，然而對於一個教育質素低劣的社會環境，嫉妒心加紅眼症，這種口號妙用無窮。

十八世紀末的美國革命，華盛頓鼓勵美國人起來反抗英國殖民地政權，主張政府既非民選，選民就不必交稅供養之：「No taxation without representation」——「沒有民主代議，沒有稅收銀子。」一個政權的誕生，雖然同是暴力革命，但這句口號就比「打土豪、分田地」之流「理性」得多。隔一個太平洋，美國實現了人權和自由，今日是中國下一代夢寐想去留學的天堂，由口號的胎記，可知絕非偶然。

廣告口號必須符合本國的文化習俗，同一句標語：「賣鐵板，不要賣牛排。」(Sell the sizzlers, not the steak)，在美國流行，到了英國，牛排換成了香腸：Sell the sizzllers not the Sausage，英國沒有美國富裕，吃香腸的人更多。

特首的口號引起爭議，問題出在英語翻譯的過程：「I'll get the job done。」Job在英

語中是相當神聖的字眼，是每一個公民的社會責任，不論首相或清潔工人，不論工程師還是劊子手，都可以說：「Do the job」，變成粵語，「打工」在香港人的意識之中，聯想不佳：「工字不出頭」，「我哋呢班打工仔，一生一世為錢幣做奴隸」，特首已經被叫做「當奴」了，還「打工」，好處是形象更與香港草根連成一體，缺點是失去了領袖的威權。

何況在英語之中，用「我」(I)為口號的開頭，是為大忌。英語口號之中，第一個字，使用率最高的是「你」(You)，除了You，頭十個最多使用的詞彙依次為「你的」(Your)、我們(We)、世界(World)、最佳(Best)、更多(More)、好(Good)、更好(Better)、新(New)、口味(Taste)。在英語世界，進廣告這一行，任何一個創作師傅都會警告，在口號中不要用the或a一類冗廢冠詞，為了節約空間，濃縮再濃縮。

香港的「民主」不倫不類，受打壓而停滯，曾蔭權卻率先「引進」西方民主的競選口號，即使有點粗疏，就像大陸報刊忽然刊出了一幅鄧小平打橋牌的漫畫一樣，比起英語報刊，雖

然一點也不好笑，也是所謂「進步」和「開化」的跡象。曾蔭權爵士如果想以英文口號顯示「亞洲國際城市」的威風，則大可盜用麥當勞的佳句：改為「Did somebody say Donald？」中譯不必完全「忠於」英語，可以叫：「包你哋話：選當奴？」

至於job與「做份工」之間的迷譯，有時以訛傳訛，引起文法專家質疑，反而是最佳宣傳。七十年代雲絲頓香煙的一句口號：「Winston tastes good like a cigarette should」——good和should兩字押內韻，但文法錯誤，Taste後面不該連like，而是as——錯了又怎樣？美國的香煙，沒有人敢質疑美國的廣告人是文盲，這句英語口號，流傳到遠東，任由一夥二毛子評點其中的文法問題，英美煙草公司硬是一字也不回應，這就是王者風範。

政治弔詭的迷宮

特首選舉是一場非常奇怪的活動，兩名「候選人」都說「香港贏了」，贏在甚麼地方？如果香港有足夠的師資，港式的特首選舉，是絕佳的通識教育，除了通識的「戲劇篇」，至少還有通識的「哲學篇」。

這場特首選舉為中學生學邏輯，提供了極為豐富的教材。首先是梁家傑這一方。梁家傑代表泛民主派，聲稱為了「凸顯小圈子選舉之不公正」而參選，在兩場辯論之中，卻又不斷聲稱「如果我當選」卻又如何如何。

然而，梁家傑萬一真的「不幸」當選了呢？不論機會只有一億分之一，這永遠也是一種或然率。「小圈子選舉」既然不公正，則梁家傑早應宣布：即使我當選，我也不會就任，困為「小圈子選舉不公正」的性質，不因我當選而改變。

然而梁家傑參選，出現了一種很奇怪的「梁氏弔詭」（Leung's Paradox）：對於八百名選委，既然梁氏真的當選，他也不會真的就任，那麼倒不如乾脆投票給曾蔭權，投梁氏一票，毫無意義，除非梁家傑當選，他會如程序就職。

但是如果梁家傑當選，難道依然只有八百人有投票權的「小圈子選舉」就「公正合理」了嗎？還是曾某得勝，「小圈子」選舉不合理；梁氏得勝，小圈子就合理了呢？

這就應了黑格爾在《哲學史演講錄》第二卷中一段獨白：「甚麼叫詭辯？詭辯就是：任意憑藉虛假的證據，或否定一個真確的道理而動搖之，把一個虛假的道理，修飾得很動聽，像真的一樣。」

詭辯可以動搖真的道理，而把虛假的道理弄得非常動聽。梁家傑先生本人無意詭辯，但如果明明認定這是一場泛民主派認為虛假的選舉而真實參與之，則梁家傑協助完成了這場政治的弔詭，他也變成了弔詭砌圖遊戲的其中一塊七巧板。

至於曾蔭權被梁家傑逼得急了，在台式的「造勢大會」忽然爆出了一句：「特首選舉，不是八百人的選舉，而是七百萬市民的選擇。」

曾蔭權也陷入了弔詭的迷宮。「選舉」是一個社會的合法選民，以投票方式，對領袖或議事代表的一種選擇；但任何「選擇」，如在超級市場挑了三個蘋果而付款，卻不是「選舉」。

香港市民明明沒有得投票，曾蔭權的語意邏輯的謬誤，也同樣明顯。如果他說：「特首選舉，不是八百人的選舉，而是歷史的抉擇。」則比「七百萬市民的選擇」，更加符合「中國式思維」，因為以一個抽象的權威意念，來代替一個實體，是中國語文思維的重大特色。

在中國語文之中，「歷史」和「人民」，都是虛幻而抽象的主語，同理，所謂「人在做，天在看」，「人在做」的那個「人」，是實的；「天在看」的那個「天」，是虛的，中國沒有法治觀念，沒有宗教神祇，強權的罪惡氾濫，不受制衡，中國人只好炮製一套虛幻的權威，為無數不合理的行為開脫。

這種中文思維，語言學大師王力也看到了。王力指出：「西洋語法是硬的，沒有彈性的；中國語法是軟的，富有彈性的。惟其是硬的，所以西洋語法有許多呆板的要求，如每一個clause，必須有一個主語；惟其是軟的，所以中國語法只以達意為主。」（引述自《英漢對比研究》，連淑能著，中國高等教育出版社）

英語倚重邏輯思維，重視語意清晰的條理，英語的段落，必有明確的邏輯中心，使用英文的人，不會輕易淪為「差不多先生」，曾蔭權這句話，本來大可以柔軟而富彈性的「歷史」來代替硬而實在的「七百萬香港市民」，糊弄過關，以中國式思維的朦朧感覺，一點問題也沒有，把它譯成英文：The Chief Executive is the choice of all 7 million Hong Kong people，則難怪英國經濟學人雜誌揶揄香港：「讓我們假裝這是一場選舉。」

中文的語法特點，令中文不適宜精密地描寫對象，也不適宜精密地表達思想，中文是一種屬於右腦的語言，使用中文，可以吟誦很優秀的唐宋詩詞，但絕不可能培養出能匹比希臘

羅馬的理性辯論精神，以英文來詭辯，其中邏輯的謬誤，推敲之下，很容易拆穿，用中文——也就是所謂漢語——做詭辯的工具，其迷惑力更加強大，一旦氾濫傳播，即形成所謂「集體的反智」。

集體的反智，安徒生童話《皇帝的新衣》已經講過了。皇帝明明是裸體，但一條街上的市民，都假裝看見了皇帝身上那件隱形的新衣，大家一起發出讚歎。所謂「香港贏了」，就是一條街上圍觀的市民發出的讚歎之聲。

安徒生比較涼薄，在童話之中，他故意安排了一個三歲小孩，一語戳破：「可是，國王身上確實沒有穿衣服啊。」安徒生不是中國人，他決不妥協，硬是要用一個三歲小孩的角色，把一個「和諧」的結局無情地搗毀，安徒生之「偏激」，不足為法。不宜有《經濟學人》雜誌的「涼薄」，也不該像安徒生的「偏激」，應該真誠相信，這場「特首選舉」，香港人其實也可以贏的——如果肯用大腦獨立思考，如果中學生能學好英文，走出其母語的魔障，

用英語驗證一下兩大「候選人」的語意邏輯；如果香港有及格的師資，以這場西方世界看不起的「選舉」為通識教材，正面也好，反面也罷，為香港的小孩上一節基礎的哲學課，比起甚麼「一百大CEO領袖學心法」之類的坊間課程，無疑更有建設性，一切只是「如果」，真的，那麼香港人確實是贏了。

統治謀略

前布政司姬達爵士逝世，華文傳媒重點報道，姬達是香港的「廉政之父」，是第一任廉政專員。

姬達的能量和成就，其實又豈止於廉政公署。姬達出身皇家空軍，其創立廉政公署的時代，與文官麥理浩配合，麥理浩的新政，由反貪污、居屋計劃、九年免費教育到扶助香港的實業經濟繁榮，全仗姬達這位副手，堪稱文治武功的雙璧。姬達逝世，沒有多少人回顧香港這一段動盪而振奮人心的歷史，從而參悟英國管理殖民地香港的通盤智慧。一九六七年香港親中陣營掀起暴動，震驚英國政府，暴動被鎮壓之後，英國悄然改變香港政策，改派溫和開明的麥理浩出任港督，在香港推動了一場社會革命，姬達的廉政風暴，首先向殖民地警隊開刀，尤其是向警隊中的英籍警司和高級華探開刀，今日回顧，這場社會革命非同小可，堪稱

「麥姬新政」。

麥姬新政，與十九世紀印度的一場殖民地管治的大改革相似。一八五七年，印度軍隊由於宗教紛爭，爆發兵變，印兵屠殺白人婦女，英軍鐵腕平暴，展開慘烈的屠殺。兵變驚動英國朝野，二十年之後自由黨政府上台，首相葛拉斯樂，改派內閣大員李本（Lord Ripon）來印度出任總督。

葛拉斯樂的自由黨對殖民地人民深表同情，其政黨倡導人權平等。李本的任命，連維多利亞女皇也吃了一驚，寫信給首相質疑如此人選。李本到了印度，發現種族歧視現象嚴重，正是當年印度兵變的主因。李本發現，英國的地區法院，起用的法官雖有英印兩裔，但印度裔的法官無權審訊白人被告的刑事罪案。李本即起用行政局內一個叫做伊拔(Percgrinellbert)的律師議員，草擬法案，倡議司法權平等，印度法官也可以審訊白人。

其時東印度公司的商貿勢力強大，怡和公司的凱瑟克家族率先反對，英國僑民附和，發

動抗議潮，並在英國國會也引起尖銳對立。他們認為「一隻豹子不可能改變皮膚的斑點」。一個印度人無論受過多高深的英式教育，永遠不可以融入殖民統治體制，沒有資格淩駕於白人之上成為審判者。

在英國白人的抗議之下，李本終於讓步，答允在印度法官審理白人被告的刑事案時，被告可要求組成陪審團，陪審團至少一半人必須為英美裔。

這樣的紛爭，今日看來當然無聊，當年卻是震撼帝國統治的大事，因為英國工業革命成功，棉花、採礦、煉鋼等工業發達，英國需要印度的資源和勞工，大量工業家在印度開設紡織廠和礦場。英國資本家必須確保印度維持種族主義的階級制度，李本和伊拔這一對領袖，顛覆了英商的利益。

但李本和伊拔同時也看到：正因為英國的機械資本湧入印度，印度本土平民必將興起一個行政技術的知識階層，他們不但成為英國廠商的管理人，在未來幾十年還將參與國家的政

治管理，工業革命必將對英國的殖民主義產生巨大的影響，與其等到印度平民拿起武器來革命，倒不如順應潮流，先行懷柔開放，容許本地人上位參政。英國的民主制度，往往出現此等「仁厚的獨裁者」（Benevolent Dictator）。

李本以司法審訊的平權改革開始，麥理浩則以打擊警隊的貪污開始；李本在印度有伊拔為助手，麥理浩則起用姬達為輔弼，李本和麥理浩都着眼於百年之後殖民地地位可能出現的大變動而雄圖在胸，未雨綢繆。像李本一樣，當兩千名警員衝擊廉政公署的執行處辦公室之際，麥理浩也讓步了，宣布以一九七七年一月一日為限，以前的貪污案過往不究。英國治下，印度終在一九四七年獨立，以李本埋下種子始，後來的蒙巴頓勳爵收成而終；同理，香港主權交還中國前的代議政制改革，也是以麥理浩的社會改革，姬達的廉政革命始，以彭定康的政改為謝幕，其中縱橫百年，一脈相承。

李本的印度改革，歷史學家認為，雖然動搖了英帝國的利益國本，卻為一百年後殖民地

獨立後英聯邦的凝聚力而埋根奠基，李本是一個高瞻遠矚的好總督。

今天，香港人懷念姬達，不應只着眼姬達的廉政功績，而是從帝國夕陽的雄圖宏觀之中領悟大手筆的謀略。

中國政府收回香港，面對世界潮流民主自由的挑戰，並無當日英國管治印度之膽識，因為中國懼怕「顏色革命」，在香港這塊「試驗田」燃薪點火。英國歷史學家湯恩比對「文明」（Civilization）一詞的定義，是「挑戰與回應挑戰」的過程和抉擇，證諸於英中兩國對權力和統治認知的巨大落差，令人頓悟，歷史大師此一洞見，所言非虛。

管治的藝術

早前在專欄論及姬達和麥理浩的妙配，符合中國道家的陰陽哲理，一些朋友很感興趣，紛紛來詢，談論了一點管治的藝術。

姬達出身皇家空軍的武官，麥理浩是牛津大學畢業的文人，以文駕武，姬達主掌廉署，在警隊裏掃黑，手腕強硬，惹起兩千多名警員衝擊廉署行動組，麥理浩頒令大赦，從此香港的廉政上了軌道，文張武弛，這才叫和諧。

英國殖民地管治的這套道家功夫，日本人也一早學會了。日本人管治台灣。由第一任總督武將樺山資紀開始，就在台灣血腥屠殺，鎮壓台灣山地人的反日活動。樺山資紀之後，日本政府覺得鎮壓得差不多了，改用兒玉源太郎上任，準備以台灣為基地，修飭建設，以便南進太平洋。

兒玉源太郎當了台督，任用了一個生物學家後藤新平掌理民政，也就是相當於布政司。後藤招降抗日分子，聲稱讓他們在森林割據一地，衣耕自足，準備推行懷柔政策，締造「和諧」。豈知兒玉總督的部下全為武官，不聽後藤的建議，把歸降的抗日領袖林少貓、簡大獅等殺光，台灣人覺得上了日本人的當，反日之心更烈。

此時後藤新平以學者的識見，向總督提交「台灣統治救急案」，運用他的生物學科知識，先整頓全島的清潔衛生。台灣多瘴厲瘟疫，後藤拓展衛生教育，清查土地和山林的業權，興辦鐵路、港口、污渠，並進一步把鹽、煙草、蔗糖、樟腦等天然產業，交給日商和歸順日本的台商販賣，並積極拉攏台灣的知識分子，成立了一個「揚文會」，邀請文人「共襄時政」。

後藤創造了良好的投資環境，不但吸引了日本資金來台投資，還扶助了台灣辜顯榮和辜振甫一族等的本土企業家，把台灣由甲午戰爭後的一個部族社會，轉型為現代化的企業社會。

日本接收台灣之初，頭七任總督，任期很短，都用武官出任，但武官只知清剿反抗者，不懂產業建設。兒玉當總督的時候，甚至採用了商鞅和秦始皇的保甲法，撒下嚴密的監察網，以十戶人家為一甲，十甲為一保，着令人民互相監視和告密反日活動，並抽集壯丁，調任日軍。後藤新平卻把保甲制用於調動人口建設橋樑、維修道路。同一套保甲制，在武官的手上，成為反制民間抗日力量，製造白色恐怖的武器，由文官來使用，則調動人力建立投資環境，反而事半功倍。

同一套制度，視乎如何使用，以及如何運用。兒玉源太郎和後藤新平這一對文武搭檔，即類同麥理浩和姬達，一個唱黑臉，必須有另一個唱白臉。保甲法的制度，就像英治殖民地時代締造的審計署和廉政公署，用在智者的手中，確立公正的遊戲規則，可以建設清明的社會；用在後來的人手中，則審計署或廉署，則可以變為打擊政敵的「東西廠」，公信力可以一夜之間蕩然無存。英國人管治香港的時候，有一套行之有效的制度，包括管治出事而成立

的「獨立調查委員會」，為甚麼在一九九七年之後，這些機構的威信一一消退？除了所謂「港人治港」，能力不逮，行政管理的心術，過於急功近利，尤其是兩年任期，一切要向「阿爺」付力交心，大制度的性質出現「禮崩」，小制度隨之而「樂壞」，大勢所趨，自屬必然。

無論是麥理浩和姬達，還是兒玉源太郎和後藤新平，管治殖民地，權傾一方，深得宗主國信任，無論日皇還是英國首相，都撒手放權不管。用人勿疑，則總督私心不二，為帝國的利益盡忠，文武兩把刷子，相互配合，並無勾心鬥角。武將和文官，看法橫嶺側峰，當然都不一樣，如果一樣就不會相互制衡了，但最重要是彼此相互信任。管治殖民地，日本師法英國，甚得英國讚賞。一九〇二年，英日兩國締結同盟，共同防範日益強盛的帝俄，並在東京舉辦兩國貨物貿易的博覽會，英國當年推崇日本：「日本不僅具有殖民能力，而且擁有特殊知識，能適應各種殖民形態，各國應派員到台灣視察，並學習日本將野蠻島嶼開發成功的實例。」

出於民族主義情緒，中國又慣於把英國和日本的殖民管治一棒打為罪惡，日本管治台灣的五十年史，中國人社會沒有甚麼人感興趣，只知空談中華文化如何輝煌，而未知道家的陰陽之道，雖然為中國始創，卻在英日的殖民管治藝術之中大放異彩，言詞的巨人，行動的侏儒，此之謂也。

隨手拈來一例：主管教育的兩名高官，教統局局長李國章與常秘羅范椒芬，俱為性格剛烈不肯認輸的強人，如何能有效推銷「教育改革」？「教改」多年，演變為李羅一方，與立法會和教師界的罵戰，此即董建華用人之不諳道家陰陽之術，麥理浩和姬達、兒玉與後藤，成功的先例擺在那裏，就是不肯學，這只是管治術其中一環而已，中國和董建華大概以為統理香港很容易，只須「祖國支持」、推動中港一體化、扼殺民主訴求便可，結果搞成今日的「社會深層矛盾」，無法解決，今日之高官，仍多喜流連馬場，拉頭馬、品紅酒，成為精神貴族，如此「港人治港」，亦堪喜賀。

姬達與麥理浩相繼逝世，象徵香港品牌之一去不復返，讀史觀世，落日盈窗，至此大可呷一口清茶，作壁上觀，樂趣無窮。

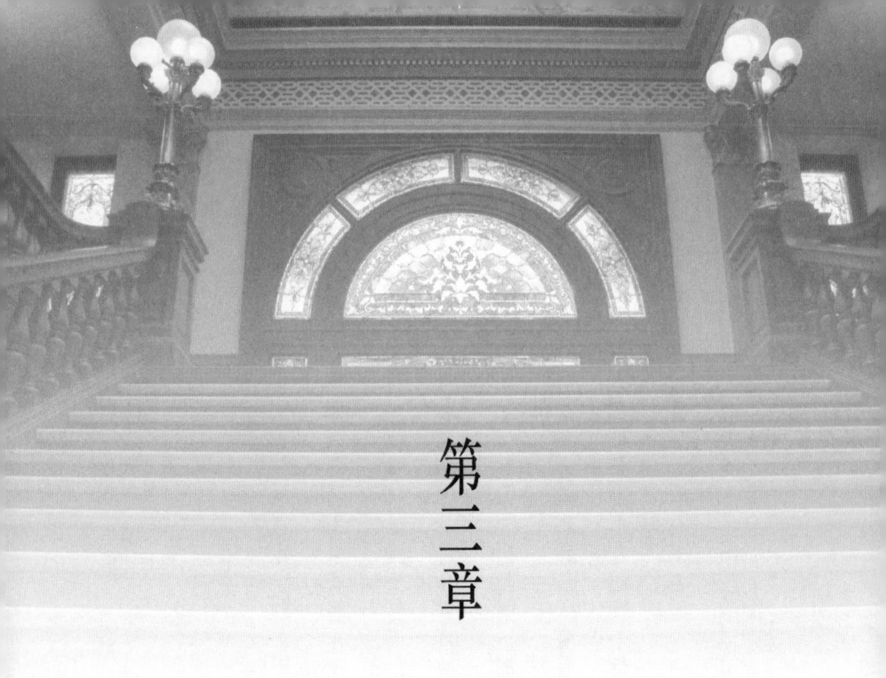

第三章

崛起巨龍的一座睡火山

水鄉

中國是不可以「現代化」的，因為只看那許多地名，是何等樣的感覺：錢塘、湖州、常熟、寧波，一個個地名不是像嵌在園林的窗框裏，看得見三兩幢假山，點綴着一樹碧綠的芭蕉；就是一池的風荷，一縷碧螺春的清香，拎着幾隻菱角的野趣，從一隻戴着翠玉鐲的手臂提着的一柄扇子，化為一個下午催寐的微煦。

單蘇杭兩字，就像一幅刺繡，那裏頭科甲蟬聯，宦院陰森，門第長盛，雅聚不絕，數不盡的亭台書卷，看不盡的望族人家。中國的地名，尤在江南，全部是清末民初蒸出來的一籠籠點心，放在八仙桌上，合該穿一件長衫，拿一柄扇子，端坐而培養一種定心的禪境，準備細細從頭來品嚐。

怪不得上海人五十年代移民來這個殖民地，都看不上眼此處，原因可能也是地名：旺

角、尖沙咀、長沙灣、筲箕灣，都透着一陣撲鼻的魚網氣息，還加上一點鹹魚和蝦醬，雖有一浪南國的落日來燻焙，畢竟比不上地圖上另一角的那許多地名的意境。

毛澤東時代，偶爾看一看大陸的電影，像《林家舖子》和《早春二月》，但見蒼涼色彩之中，小橋如昔，流水依舊，教人暗自放心：雖然赤餱遍地，勝在貧窮尚是革命，那一片地名畢竟還籠在民國的記憶裏，偶爾經歷了一兩場破舊立新的喧嘩，但江南的水鄉如網，古巷如織，紅衞兵再多，也多不過像四十年代的日寇，那幾十個地名的民國感覺，畢竟在革命的口號之外沉睡着，還沒有醒過來。

但今日不同。寧波要「發展」成另一個邁阿米，「無錫工業區」和「蘇州工業園」也紛紛「打造」成二十一世紀的這個那個。舊巷水弄，大片大片地拆掉，那許多江南的地名，合稱名為「華東」，如此一來，千百年醞釀的詩禮簪纓，像一冊版刻線裝書裏的記載：明清科舉，盛於江東，以明代有進士三百四十一人，武進士八人，狀元八名，單蘇州一府，清代合

計狀元二十七名，尚有吳江袁氏，宜興任氏、無錫秦氏、吳縣翁氏等等，通通在一地的打樁機和堆土機裏化為塵埃。

折騰二十年，又聞「宏觀調控」。當蘇州這個地名跟工業一扯搭上，江南的一叢水漾的花魂由此凋枯，感謝湯告魯斯，把荷李活的攝影隊帶回江南的水榭亭台，湯哥在那一片灰黑的簷瓦上躍跳着，口中叫喊着英文，雖是牛嚼牡丹，但眼見銀幕上，還有一角拆剩下來的江南古宅，像一個叫化子，見到一鍋的香餑餑，我突然笑了，笑得很開心，坐在身邊的人告訴我，我的笑聲中有一點淚光——真的嗎？只知走出戲院，我把那一切都渾忘了。

恭王府花園

北京的恭王府花園修後重開，成為花邊新聞。

清末的恭王，是一個很有魅力的人物。在一大批面目模糊性格平庸的貴族子弟之間，恭王最有性格。道光皇帝選繼承人，本來要選這位第六皇子，但宮廷老師教他進取，在接受父皇面試的時候，儘量把打獵得來的收穫呈上去，顯示自己的實力；但四皇子奕的宮廷老師卻教他：打獵尚武，你鬥不過六弟，如果一無所獲，不如告訴父親：這時是春天，是小動物孕育的季節，孩兒不忍殺生。

結果，道光皇帝選了四皇子登位，也就是咸豐，想來想去，覺得對不起六皇子奕訢，於是在遺詔上，硃砂諭並立六皇子為恭親王，與皇太子齊名。這張藏在正大光明匾後的遺詔，一張黃紙，寥寥數字，二〇〇六年在澳門藝術館的清宮檔案展中擺放過出來。

中國現代的命運，從此就改寫了。道光疼愛恭親王多一些，如果立恭親王為皇儲，那麼就輪不到咸豐了。咸豐做不成皇帝，慈禧就不必爭權了。慈禧沒得上位，就沒得禍國，日後戊戌維新就不會流血失敗了。

讓恭親王當皇帝，中國的維新改革，在十九世紀六十年代就開始了，當然，後來慈禧也搞過洋務運動，但老太太更迷戀權力。恭親王當權，曾國藩、李鴻章、左宗棠，就可以人盡其用，恭親王就會變成中國的明治天皇了，列強入侵，以後的中國，即使失敗，也不至於一敗塗地的。

因此歷史改道的十字路口，就在道光病重的一夜，在咸豐和恭親王之間踟躕不定的一刻。他應該想一想：四皇子奕的答案如此完美，是不是太像舞台劇的台詞呢？如果是文藝腔的台詞，背後是不是有人教的呢？

在英語中，有一句俗話，叫做 with hindsight。Hindsight，就是「早知道」，with

hindsight，就是如果可以回到過去，重新做一次，一定可以做得更好。道光皇帝選皇儲，如果可以回到過去，任何一個中國人，都有責任在道光的耳邊猛喝一聲：「千萬不要選四號，要選六號！」雖然，按照相對論，如果道光真的選了六號，後來那百年歷史改寫，沒有了孫中山推翻滿清，也沒有了一九四九年大陸易手之變，可能，也沒有了今天的你，我們大家都沒有機會來到這個世界了。

但這是不重要的。讀歷史，最揪心的是這一刻，叫做with hindsight，後面的事情，我們都知道，時光倒流，回到道光末年，一起在老皇帝的耳邊喊：「千萬不要選這個啊！」但他沒聽見，顫抖的手，還是圈了四皇子。我們無法改變命運，只好在歷史遺忘的時光的角落，暗暗啜泣。

故宮

恭王府花園修完，輪到故宮大修，太和殿用一塊大布幔圍起來，印着太和殿的一幅彩圖，疑幻疑真得很有趣。

《國家地理雜誌》頻道介紹故宮，雖從明成祖登基講起，說故宮有九千九百間房，旁白提示，所謂Forbidden City，就是平民錯走進去一步就格殺的意思。

外國人述說故宮，不離渲染中國帝皇的恐怖感，西方觀眾看故宮，永遠只站在門檻看，例如太和殿，英文譯為The Hall of Supreme Harmony，但「太和」的這個「太」字，根本沒有英譯。

故宮的哀愁，西方人士無論何等「漢學家」，都不會感受其中的細節。例如明清兩代皇權之迴異：明朝黑暗霸道，清初則開朗圓融，清中則方正鎮守，到了清末，則又昏瞶黯盲，

故宮積澱了五百年的層次，外國遊客來到坤寧宮，只知道這是「一個中國皇后」上吊自殺的地方，他無從領略《帝女花》裏刼火焚城的一幕，要追隨崇禎皇帝的足跡，李自成攻城之夜，崇禎如何披頭散髮，提着寶劍，從故宮一路嘶喊着奔跑過來，在坤寧宮的正殿裏周皇后懸樑的屍首在半空中搖晃，在這裏，崇禎一手斫掉了長平公主的臂膀。

遊故宮的這一段，務必要踏着崇禎自殺前精神錯亂的這一條短短的路線，方始與中國歷史的鬼魅相遇，讓滿城的火光和叫喊融入血液，在英文裏，這叫做Lost in a trance。

然後是養心殿。香港清裝電視劇裏常搭起養心殿的佈景，不但殿柱的對聯亂寫，殿匾的「正大光明」也不對。清代皇帝辦公，多在養心殿，住在殿後的廂間，養心殿內的橫匾是「中正仁和」，「正大光明」其實在乾清宮。今日故宮的養心殿，按慈禧年代擺設，殿側另有垂簾聽政的一室。外國遊客在殿外隔着玻璃望，望得出甚麼名堂？中國上一代人看養心殿，還隱約看得見久病的咸豐坐在正中，殿內的青石大磚，站立過肅順、端華等六個顧命大臣，一

千人心憂如焚，遊故宮，看的不是空空的擺設，看的是鬼，那些鬼影，比宮中的文物好看。

外國人看不懂故宮，如果讀過點書，中國人卻必看得懂梵爾賽宮，梵爾賽宮裏的鏡廳，大革命時代暴民衝進來，王后瑪麗安東妮，從廳中的一條秘道慌張逃跑。中國的歷史比法國深奧，因此故宮比梵爾賽宮也深奧許多。

遊故宮，缺乏可以同遊的人。如果可以從古人中選擇遊伴，導演李翰祥和作家高陽是同遊故宮的理想人選。有這兩位大師同遊，當是一生的至幸吧。但這兩位故宮專家，今日也成了故宮的鬼，青史餘燼，淚眼不忍看，人生的遺憾，太多了。

成都絕活

去四川，必定在成都停留。從成都可以轉往九寨溝、峨嵋山、西藏，就像由洛杉磯轉往加州和拉斯維加斯一樣，成都就是中國的洛杉磯。

因此外資紛紛進駐，在成都設廠。繼北京和上海之後，成都正在蛻變為中國第三個國際都市，許多洋人來成都住，在成都，英國的連鎖三星旅店宜必思(Ibis)也登陸了，證明成都留得住客。能留住客，在進四川之前抖下點消費，成都就變成聚寶盆了。

舊建築通通拆光，只剩少數幾處「景點」，如諸葛武侯祠。旁邊新建了一條「古街」，名叫「錦里」。成都又名錦城，城外有一條錦江，杜甫在成都住過：「錦江春色來天地，玉壘浮雲變古今。」成都從前出產錦繡，女人做女紅，做出了千百年的傳統工業，因此成都有一種特別檢查錦繡品質的官僚，叫做「錦官」，就像荷蘭畫家林布蘭畫的十六世紀的紡織

品檢查官，原來工業品的QC古今中外都有，就是今天出產雞鴨蛋的中國沒有。大陸如果有「蛋官」和「魚官」，就不會有甚麼孔雀石綠和蘇丹紅。

成都人喜歡悠閒，愛圍在茶館吹水，「一壺清茶一根煙，一張報紙過一天」，可以想像從前「做又三十六，唔做又三十六」的時代，一身毛裝的成都人，一定是一個超級的「懶人國」。但是今天不同了，市政府來了主意，宣稱把成都「打造」成中國的「悠閒」之都。悠閒，是一種心情和態度，如何集體「打造」，孤陋寡聞，從來沒聽説過，如果成功，香港也可以學一學。

不像珠三角，成都的空氣清新，只因為在盆地裏，雨霧聚在天空不散，四川的女子為甚麼漂亮，據説因為長年在濕氣的盆地生活，不見太陽，就像小龍女一樣，皮膚特別白。但麻辣吃得多，「成都妹」的性子很火，動不動就罵街，欠缺一點內在美。

變臉藝術是成都的絕活，在武侯祠旁新建的舊街，夜夜有得上演。今天都沒有秘密了，

誰都知道，變臉的秘竅在那身戲服的袖子裏。袖中藏着許多根幼線，通過手臂，連在耳端的帽子邊緣。變臉能賺錢，據說今天有一百五十多個「變臉大師」，夜夜給外賓表演。

據說日本人想過偷學變臉功夫，但今天三流的變臉師太多，表演時，線子夾纏在袖裏，一張臉只抹了一半，面具歪搭着，一半紅一半黑，像一扇壞了一邊的百葉窗簾。台下的外賓照樣鼓掌，變臉師慌了，用力一扯，臉孔撕破，這樣的笑話經常有，成都的朋友說。我說：這也好，一拍兩散，讓日本人學爛的。成都的朋友問：你們香港的劉德華拜過師，有沒有表演過。我說，沒有，但香港多了一行政治化妝師，特首最近變過幾次臉，像銷售稅，都被人看穿了崩，見到幾條線子。

三國通識

成都為了吸引旅遊，滿街都狂sell三國：三顧酒樓、關羽吧、張飛飲店、孔明腳底按摩，小孩在這種「文化環境」成長，會變成「三國精」。

學習中國文化，要有一個環境的氛圍。民國時代的中國人，小時候讓傭人揹在背上，到茶樓裏聽說書，說書人講的就是三國；關公華容道義釋曹操，這兩個人物就嵌進腦海。

然後跟着父親去戲園子聽戲：京劇的三國題材特別多，像《華容道》、《單刀會》、《借東風》，關公紅臉，曹操白臉，小孩看不懂情節，只辨認顏色，紅臉是好人，從小懂得了分辨正邪。

京劇也是一種教育，因為京劇大師，對於角色，就像鋼琴家對蕭邦和貝多芬，都有自己的一套演繹方式。譬如周信芳演魯肅，別人把這個角色演得像個笨蛋，但周信芳偏要表現魯

肅的忠厚，京劇沒有導演，一干名角像馬連良和譚富英，自己就是角色的導演，名角的interpretation，決定了觀眾對三國角色的公論。

一個城鎮有京戲，小孩對中國文化，不必學校來教，自然就有了通識。當袁世海扮演的曹操出場，在船上吟唱：「月明星稀、烏鵲南飛，繞樹三匝，無枝可依。」小孩子以聽覺和音樂，先領會了這首詩，到中學時才讀小說《三國演義》也不遲。

因為文字只是一堆符號，舞台的臉譜是色彩，音樂是聲音，武打是動作，對於五六歲的小孩，容易最先接收。三國的教育，由說書開始，京戲次之，讀小說才是最終。說書是口述故事，講者一把扇子，一盅清茶，眉飛色舞，小孩先由聲音聽故事，過幾年，由舞台的京戲的視覺，來核實（confirm）聽來的故事。年紀長大了一點，再從線裝書的小說文字裏，再confirm一次三國的故事。上一代的中國人，就是這樣從小讓中國古典文化浸潤在血液裏的。

那時候，不必由一個政府，推行甚麼通識教育，再由社會名人推介「十本好書」。香港

的小孩，天天泡在商場裏的玩具反斗城，觸目皆是鹹蛋超人和蜘蛛俠，叫他認識三國演義，即使逼他從三聯書店的連環圖開始看起，他也不願。

中國文化陷入斷層，是因為兒童幼年時斷了奶。舊房子和戲台一起拆掉，說書人變成了DJ，以為這就叫現代化。把三國讓給日本人來出漫畫吧，就像《墨攻》，日本人懂得甚麼叫品味，他們會教好中國的下一代的，中國文化的未來，在東京。

品紅錯

紅酒為何會在中國流行，一直是一個謎。

僅僅在幾年前，中國男人還以為喝一瓶路易十三應該一乾而盡才夠man。在中國成語之中，酒是用來「豪飲」、「牛飲」、「鯨飲」的，大杯酒、大塊肉，這腔熱血只賣予識貨的。不論江湖志士，還是夜總會闊客，莫不以喝酒的姿態豪獷，定為俠義的生理標準。

中國男人喝酒，那一句義氣干雲的「乾了這杯」，這等「生態」麻甩了兩千年，從來不覺得有甚麼問題。但自從法國紅酒進入中國，中國男人忽然講究對紅酒的欣賞，在社交場合，開始議論紅酒的學問。

例如貯藏紅酒的環境，須在攝氏十一度，地窖不可太濕，否則軟木塞和酒瓶上的標籤紙會爛掉。葡萄酒為甚麼要平放？慢慢也搞清楚了：讓軟木塞和葡萄酒保持恆常的接觸，不然

軟木塞子太乾，出現裂紋，無法完全緊閉瓶口，空氣滲進去了，造成氧化。

喝葡萄酒，漸漸也發現，是不可以牛飲的。在北京、上海、香港的五星酒店的宴會party，時時會出現一個成功男士，向圍攏着他的一干闊太、女模特兒滔滔發表一通從法國師傅那裏模仿過來的紅酒心得：葡萄酒要一點一點淺呷，紅酒進入口腔之後，閉上雙唇，頭顱微向前傾，利用舌頭和面部肌肉的運動，攪動着嘴裏的紅酒，然後口部微張，輕輕向內吸氣。這樣不僅可防止葡萄酒從口中流出，還可以令其餘味，一點點滲入鼻腔後部。這就是喝葡萄酒的藝術了，這個一身Gucci西裝、蓄有小鬍子、貌似擁有哈佛MBA學位的成功男士示範着，四周的女士，何曾聽過溫柔得那麼阿倫狄龍的喝酒理論？聽得早已醉了。

然而，把紅酒喝得那麼性感，應該對調情也是一個浪漫專家，因為法國人喜歡浪漫，也喜歡紅酒，法蘭西民族把喝紅酒和性愛的藝術結合而建立了一門享受人生的通識，紅酒和愛情共生，因此在法國，情人最多，強姦犯最少。

如果有那麼多品紅專家，香港男人的浪漫指數也應該同時上升的，但根據調查，香港是全球紅酒消費數一數二的城市，香港男性的浪漫指數，卻世界「包尾」。

這是怎麼一回事？例如，紅酒是不可以在夜總會裏暴開的，因為夜總會是一個對女性充滿精神暴力的地方。中國的大城市其實缺乏紅酒的生態，這是紅酒在亞洲，十里紅塵，總讓人覺得芳華淪落的理由。

朱門酒肉臭

中國電影億萬金元泡沫化，所謂第五代，老了之後，受到中國政府招安，一個個成為「國家級」大師，進入了「建制」，億萬元人民幣的成本，紛紛打造鉅片，為中華民族的盛世「獻禮」。

中國導演與官方一起「夜宴」，把一幫「第六代」的新進們擋在門外，年輕的一批，只好在三峽的難民故事、重慶的橫街窄巷去撿破爛。中國電影一點也不「無極」，而是出現了貧富懸殊的「兩極化」：不是億萬金元的「黃金」追逐漢唐秦始皇的夢幻宮廷的古裝鉅製，就是兩百萬元低廉成本的民工盲流沒衣穿沒飯吃的當代故事，在石頭裏極力榨兩滴笑聲和淚水，換言之，沒得抽昂貴的大麻和海洛英，在街頭撿撿煙屁股，也自得其樂。

然而「第五代」中國導演搞「盛世大片」，把「第六代」的年輕新進擋在電影的門檻外。

「大師」們被中國官方請進了京城殿堂，閉門夜宴，電影學院出身的新進師弟門，沒有入場券，只有在可可西里那樣的荒野打野食，這是哪一門「夜宴」呢？這是「朱門酒肉臭，路有凍死骨」的一幅天國與地獄的「折墮」圖卷。

中國電影，舉世周知，必須經過歐美白種人的表揚，才算有地位，就像蘭桂坊裏的菲妹搭上一個美國記者，才在菲律賓的一干姐妹之間有點頭臉，因此「殿堂派」沉迷美國的奧斯卡，你拍我也拍，吵吵嚷嚷，硬要擠進比華利山的星光大道。美國人煩了，把手一伸，每個國家的最佳外語片，只准參選一部，於是最佳外語片的中國選拔提名權，又落在中國當局的手裏。

「第六代」的年輕導演，反倒在歐洲影展的飯桌上分到一杯羹。歐洲人比較欣賞中國貧民家破人亡、牽衣乞食，哭哭啼啼的情感——如果那也叫做情感的話，因此「第六代」們趁年輕，還可以在夾縫中拚出一條生路。

但是當「第六代」吃飽了一些，步入中年，肚腩開始發福，也想當大師，他自然也會轉敲漢唐的黃金盛世的宮廷大門，當成本由三兩百萬，暴增到「一兩個億」，中國官方把那道帝皇夜宴的大門給你打開一條縫，揮揮手，來，這邊有好吃的，來，坐下吧，那時，他還會在三峽重慶的外圍撿煙屁股嗎？

因此大東亞電影，只有日本的黑澤明才是真正的大師。黑澤明是自由世界裏的藝術家，不是一位自由行的食客。歐美的白種影評人，對日本人黑澤明的佩服，是真誠的五體投地，因為他們都知道，在星光大道的餐桌上擺一道盛宴，發帖給他，黑澤明都不要來，朱門酒肉臭，門外傳來一陣中國的喧嘩。

數字魔咒

每年五月四日，都興起一陣短短的「紀念五四」的例行的喧奮，像把廟宇裏供奉在神龕前的冷豬肉和乾癟了的橘果換一遍一樣，一些「意見領袖」又把甚麼「德先生」、「賽先生」的老套名詞再重複一次，鼓勵社會「反思」所謂「五四精神」。紀念「五四」，對於年輕一代，帶有沉悶的厭惡性。「五四」是所謂「青年節」，「五四」提倡現代化的教育思想，但今年「五四」前後，香港的「補習天王」入稟向補習社的僱主追討近兩百萬元的月薪，重新成為潮流尖端的「青少年偶像」。值此反智而荒誕的世代，中國人應該先埋葬「五四」這個無聊的數字魔咒。

因為「五四」是一個失敗的運動。所謂民主與科學，一百年來，民主交的固然是白卷，科學雖略有成績，卻反過來為中國帶來空前的禍害。中國有衛星、核彈、火箭，也可以自己

研製一般的電腦，但中國人學習科學，腦筋仍然停留在清末的洋務運動時期，純粹視科學為工器，缺乏心智的提升，亦即中國從來沒有「科學」（Science），只有「工技」（Technology），土木工程和水利建設，都是工技，用來把農田堆成水泥，胡亂建設化工廠，建造長江三峽的水壩，破壞生態環境，這並不是「科學」。

中國的總理滿面愁容，面對大陸貧富懸殊的社會危機、資源利益分配的嚴重不公，皆因為中國是一個只迷信「工技現代化」，心智的修養如儒、道、佛的和諧價值觀又早已盡毀於「文革」；歐美商人二十年來為求暴利，向中國推銷工技貿易，今日又面臨中國這具面目古怪而又坐了起來的「工技怪人」（Frankenstein——傳統譯為「科學怪人」，不盡正確），一時慌了手腳，此為「中國威脅論」之由來。

英國哲學家羅素在《為一個問題世界斷論教育》（Education for a Difficult World）一文中說過：優秀的教育，有兩個目的，一個是傳授技藝（Skill），但同時必須在技藝的學習中

悟取智慧(Wisdom)，當教育過份強調技藝，而以技藝壓倒智慧的開發，則教育的投資愈大，對國家社會愈引起更大的兇險。羅素說：「獨裁加上科技知識，是可怕的，因為沒有智慧的科技，只會帶來毀滅，而且很快就可以自我證明。科技只能教會一群人達到一個既定的目標的手段，而不會有助於他們判斷此一目標的性質。

例如，如果你想毀滅全人類，科技可以教會你怎樣做到，如果你想把全人類置於飢餓的邊緣，科技也可以教會你，如果你想為人類共謀幸福，科技也能教你該怎樣做，但科技本身卻不會告訴你，這些目標，哪些對你好，哪些對你壞。」

羅素的感喟，是針對同期的兩大暴君希特拉和史太林。香港的教育制度，也是「科技工器大迷信」的一系旁支。戰後的港督，我相信都讀過羅素，他們在殖民地香港辦教育，當然不會把羅素的一套識見帶來，只會從人類學的考察角

度，認識中國人自洋務運動以來「崇工器、輕心靈」的盲點而順水推舟。香港的教育長期重就業市場的功利，功利的強調，甚至低於工器的追求。

文學和美術史一類學科因向來受家長和學校輕視，連紡織、海洋導航一類實用的理科，也因為工廠北移大陸、航運業沒落而成為冷門學系，因為「自由行」，酒店管理系漸取代了電腦和土木工程而成為學生的至愛。加上考試制度和教學方式的極度僵化，香港的教育，最後逼學生連技藝（Skill）的追求都放棄，只求一時的分數（Score）。分數崇拜，比技藝崇拜更低一級，「補習天王」遂應運成為「青年節」的新偶像。

此一畸形發育，皆由「五四」而來。「五四」的運動分子，一心以為把中國由「科舉時代」一下帶領到「科學時代」，但由於他們對「科學」一詞感覺模糊，缺乏建立全面的定義認識，而把中國引向一條新的邪路。論對改變民族命運的貢獻，所謂五四運動，不但無法與德國馬丁路德的宗教改革運動和意大利的文藝復興運動，甚至甘地的反殖民地運動相比，而

且更是不成熟的、小家子氣的，也是失敗的。

中國百年來的「工技崇拜」引致道德的大崩壞，中國政府不是不知道，也在不斷掙扎，企圖修正工技崇拜引致的人文心智價值的真空，所謂「以德治國」、「和諧」、「八榮八恥」之類，皆為種種竭力修修補補的動作，但在權力慾的執迷加「科技興國」的迷思之中，效果恐怕極為有限。

香港在「中國人民當家作主」之後，董建華豪情萬丈，厲行「教育改革」，結果「改」出一個年薪一兩千萬的「補習天王」的超級偶像奇蹟，順為今年的「五四」獻禮，也實在令人刮目相看，可喜可賀。每年到了「五四」，華文傳媒的評論人照例又把「德先生」、「賽先生」這兩支不知傳了多少圈的舊針筒再傳一次，中國的「知識分子」再把這兩口循環再用的針筒往自己蒼白的手臂上扎一下，但針筒裏不但沒有了藥液，只有殘存幾滴秦始皇留下的中央帝制的嗎啡，以及交相感染的強人獨裁崇拜的愛滋病毒。

這樣的「五四」精神，你有興趣「紀念」嗎？還是節省一點時間和精神，及早計劃把下一代送到羅素或華盛頓的故鄉去，尋找教育的新生？

十字架和巨龍

羅馬教廷委任陳日君為樞機主教，為了推動「中梵建交」，是一種很奇怪的說法。陳日君是香港民主的鷹派人物，多次正面與中方衝突，推動「中梵建交」，理應找一個中方可以「對話」的宗教溫和人物，為甚麼反挑上了中方的一口眼中釘。理由是「中梵」之間，並無平等的「建交」問題，只有誰滲透影響誰的問題。梵蒂岡一旦與中國建交，即獨攬或參與中國大陸主教的任命權，值此大陸道德真空的時世，梵中一旦「建交」，天主教必將水銀瀉地，中國最害怕「顏色革命」，一場聖袍的白色革命，中國政府經受不起。

中國的民族主義者仇視梵蒂岡，指教廷想為中國帶來民主自由是假，企圖顛覆共黨統治是真。大陸的「三自愛國教會」，服從中國政府統治，獨立於梵蒂岡之外，宗教「主權」獨立，豈容讓予羅馬？

不錯，中國文化不但有自己的儒佛道信仰，即使中國有天主教，也不必從屬於梵蒂岡。不錯，羅馬天主教在歐洲歷史上，不但未必是推動民主進步的動力，還時時窒礙西方自由思想萌芽。英國哲學家羅素在一篇論文裏曾經剖白，題目是〈為甚麼我不是基督徒〉，把兩千年的西方耶教傳統數落得一文不值，指出歐洲自文藝復興和工業革命之後的自由，決不是天主教和基督教的賜予，相反，是無數的非教徒異端反抗教權，用生命的代價而爭來的：哥白尼和伽利略，都是教廷的敵人，卻為歐洲開創了天文學和物理學，天主教何來民主和寬容？

抨擊羅馬教廷，羅素大有資格，因為英國正是與羅馬教廷決裂後反而得到新生的例證。十六世紀初，距離梵蒂岡遠一些的歐洲國家早與教廷有離心：丹麥、挪威、瑞士，還有島國英倫。與梵蒂岡陸地毗鄰的國家如法國、西班牙、葡萄牙，則繼續臣服於教廷的權威。

英國與教廷的決裂，純粹出於偶然，是因為英王亨利八世沒有子嗣，王后凱賽琳生了一個女兒瑪麗，亨利看中了宮女「二奶」安寶蓮，意欲另娶，向教皇申請離婚。天主教不准離

婚，亨利遂宣集本國各區教士，要他們承認國王才是英國的教會領袖，又在國會通過法例，停止向梵蒂岡上奉稅貢，宣布英國的天主教只服從英王權威，此亦即是五百年前英國的「三自愛國教會」。

英國與梵蒂岡一刀兩斷後，反而開創了一個科學和理性的盛世，出產了研究地心吸力的大數學家牛頓、計算經緯時間的製鐘專家夏里遜，還有後來以進化論直接挑戰《聖經》的人類學家達爾文。為甚麼？因為羅馬教廷對科學家動不動就用宗教裁判所施以酷刑、送上火刑柱燒死。英國脱離了梵蒂岡，有一個獨立教會，一切異端新思維，皆可在一海之隔的島上萌芽，教廷的手伸不到那麼長，管不到了，英國成為自由思想的綠洲天堂，並據此開創了航海探險的帝國新時代。

歐洲的西班牙和葡萄牙，就沒有這等福氣了。梵蒂岡勢力所布，人人噤聲，沒有科學家和思想家，佛朗哥之輩，直到戰後還是西歐的獨裁者，此亦與天主教影響有關。同樣是殖民

地，英裔的北美、澳洲、紐西蘭二百年來陸續成為民主的聯邦國，西班牙和葡萄牙在南美的殖民地如巴西、薩爾瓦多、尼加拉加，直到戰後尚固陷於軍事獨裁政權的泥沼。

英國擺脱了梵蒂岡，卻得到了新生；亨利八世雖成為政教合一的最高統治者，卻無權奉行聖禮，公民的宗教自由增加了。英王失去了「君權神授」的依據，不得不向民意尋求統治的合法性，令神權政治順利向人權和議會民主過渡。亨利八世死後，瑪麗女王一度回朝，復辟羅馬教統，並大殺異臣，贏得「血腥瑪麗」之名，但死後仍讓同父異母的妹妹伊莉莎白繼位，伊莉莎白進一步鞏固父親的遺願，與梵蒂岡對抗更烈，並擊敗西班牙的無敵艦隊。自此英國國運昌隆，英語取代了西班牙帝國的語系成為現代民主文明的主力，垂範至今，凡此成就，俱不得力於教廷，而得道於反教廷的勇氣和膽識。

中國五十年來，也搞了一個「三自愛國教會」，請問這個中國的教會對推動中國人的科學和理性精神有何貢獻？亨利八世有暴君的氣質，一樣是個天不怕地不怕的造反派，中國人

民迷戀的「偉大領袖」毛澤東，為甚麼卻做不到亨利八世的氣派，藉獨立於梵蒂岡之外的時機開創一個文明盛世？毛澤東的繼任人鄧小平，比起伊莉莎白一世，為何無力開創一個中華的文藝復興？且不說中國文化三千年，孔孟哲理，老莊論道，釋迦說法，有自己的一套豐富的文化信仰，西方許多知識分子看穿了耶教的不足，紛紛改向中國的易經道家和佛教乞靈精神的營養，而中國卻停留在利瑪竇的朱姓明朝，要由梵蒂岡派人手執權杖，敲這個古老大國的大門，從頭宣揚人性和博愛。看不起梵蒂岡的羅素如果今日在生，怎會不把這一幕當笑話看？這不是中國人的國恥又是甚麼？

因為全世界都在注視中國：不錯，梵蒂岡也有很多歷史問題，羅馬天主教不一定是善類，那麼貴中華文明大國，又拿得出甚麼貨色，今日能擺上國際的桌面，比羅馬天主教那一套更好？中國人今日的信仰是甚麼？是「為人民服務」，還是「讓少數人先富起來」？中國人拒絕天父耶穌，沒有問題，但中國的道德的神明又是誰？是雷鋒叔叔、董建華伯伯，還是

人人夢想吃喝賺大錢的財神？

五百年前的英國，人權更張，拒絕了梵蒂岡，得到了天國；五十年來的中國，文革坑焚，成為道德價值觀的廢墟，今日才發覺只有地下的天主教，才會拯愚民免蹈魔道。對於馬列的中國，教皇和他委任的樞機，是神是魔，並不重要，自己有沒有能力修復精神文明，脱魔入道，才是一場中西文化之爭的主題。所謂推動「中梵建交」，陳日君主教為何笑得如此寬懷而自信？因為從利瑪竇、康熙皇帝到毛澤東，五百年繞了一個大圈，一切疑難，驀然回首，答案竟仍舊在十字架一片靈光之中。

強國崛起

中國用導彈轟毀通訊衛星，引起西方抨擊，反應不下於北韓試爆核彈，轟碎衛星雖然目標「和平」，但同時也表示擁有擊盲美國的通訊衛星「天眼」的能力，歐美連同相當親中的澳洲，同表嚴重關切，也相當正常。中國聲稱「和平崛起」，對外宣傳，今後恐怕更蒙上陰影。

中國擊毀的衛星，碎片四濺，可以干擾其他國家的衛星通訊，證明任何「崛起」，都有副作用，都不會絕對「和平」。今日美國耗佔全球資源百分之二十三，中國耗用百分之十四，美國人口只有三億，中國正在「崛起」，不出十年，耗用的地球資源必定超過美國，隨着物質「中產階級」壯大、「脱貧」人口的消費慾大張，對資源的飢渴需求必然倍增，雖然中央政府明令三年後全國減少能源消耗兩成、減少污染物質排放一成，但在能源消耗和環境污染的經濟「發展」生物鏈中，各地經濟諸侯可攫取巨大的貪腐利益，「上有政策，下有對

策」，即使推行所謂「政改」，建立新聞監督和法治制度，也無法改良慾壑難填的國民質素，十三億中國人都想過荷李活時裝電影裏瑪麗史翠普和妮歌潔曼那一等生活，中國聲稱「生存權」，為了爭奪資源，中美必然一戰。

二十世紀初，英國名報人安格爾（Norman Angell）目睹德國經濟崛起；挑戰維多利亞時代的英帝國，指出在歐洲，英德兩強不可以並存。安格爾出版了一冊著作，名叫《大幻覺》（The Great Illusion），指出二十世紀的戰爭，不再遵從「弱肉強食」的達爾文定律，而是「強肉次強食」，崛起的一方要生存（War has no longer the justification that is makes for the survival of the fittest, it involves the survival of the less fit）。相對今日於美國，一個崛起的中國是「次強者」（The less fit），相對於一百年前的俄國，日本是次強者，戰爭不是為了霸佔外國領土，而僅僅是本身的生存。

世上從來未曾出現過「雙強並存」而又「和平」的局面，羅馬帝國不能容地中海的馬其

頓、迦太基和埃及，成吉思汗的蒙古不能容女真和宋朝，當時的戰爭，像秦始皇兼併六國一樣，純屬「弱肉強食」，但人類進入了二十世紀，改變了此一規則，一百年來如此，地球的資源愈來愈緊絀，今天的世界，比一九一四年日俄並強的世界改變了多少？當然有改變：資訊爆炸了，地球一體化，經濟貿易頻繁而各國更互為倚賴，戰爭兩蒙其損，然而，不可以高估人類的理性能力，尤其民族主義情緒的瘋狂發作，是摧毀理性的最有力武器。

一個大國的崛起，在歷史上必然帶來戰爭，正如一隻哺乳類動物在胎生時，一定引起陣痛，黏帶着血絲誕生，不流血是不可能的事。在歷史上，人類在戰爭中如果還推動了文明進步，視乎一個強權在崛起時，除了生存權的擴張，還有沒有新的人文價值觀隨同面世。

例如英國維多利亞時代降生的前夕，一八〇七年，英國國會立例廢除了黑奴制。廢除黑奴貿易運動的始祖，是當時英國駐西非塞拉里昂的總督麥柯利。他早年去過牙買加，在那裏的蔗糖工場當一個小職員，眼看黑人奴工備受凌虐，起了惻隱之心，聯同一群基督教會工作

者一起游說國會，百般艱難，終於推動通過了蓄養黑奴刑事化，立法規定凡英國商船發現黑奴者，船商施以重罰。

麥柯利的善舉，影響了美國的林肯。英美「帝國主義」的崛起，擁有人權和人道的人文基礎，自十九世紀以來，英美帝國主義相繼稱霸，為世界帶來巨大的文明進步，因為帝國主義的面貌不止是軍隊，還有教會，還有記者，慈善團體和知識分子。

強國「崛起」，過程不可能和平，戰爭之後都可以帶來時代的進步：羅馬帝國時期的法典和公民權，拿破崙之前有伏爾泰和盧梭的自由思想，維多利亞時代的前夕有為黑奴維護人權的麥柯利，此皆為人文的建樹。

德國希特拉的崛起以種族優生學的絕對化為依據，蘇聯列寧和史太林的崛起以階級仇恨為動力，此皆為對文明的破壞。

中國的「崛起」，不可只以自私的「生存觀」為理由，中國聲稱有三千年文化，中國人

應該思考：崛起的同時，即使有軍事衝突，中華民族對人類文明帶來甚麼貢獻？例如，如果中國一些優秀文化外傳，垂範國際，讓歐洲人也感染一點中國道家和佛家思想，捨棄物質消費，擁抱清靜寡慾的人生觀，則地球即可避過氣候暖化的危機，美式的「信用卡主義」消費經濟，就會淘汰。然而，十三億中國人自己，都不是道家和佛家的信徒，迷戀名牌物質，更甚於美國。二十一世紀，中國加入物質消費的俗流，參與世界能源的消耗，可由此而引起的戰爭，雜拌着對百年「帝國主義侵略」的民族仇恨，則只會是成吉思汗率領蒙古軍西征的重演，一直打到維也納城外、多瑙河之濱，歐洲視為黃禍。

中國當前的崛起，比起維多利亞時代前夕，都沒有任何人文價值的條件。當年英國有一個麥柯利，為非洲黑奴請命，今日大陸的維權律師和揭發煤礦醜聞的記者，都遭受逮捕和濫殺。在貧富懸殊之下，中國山西的許多礦工，與黑奴有何差別，這個學術問題，其實也相當有趣。

因此中國轟毀衛星，這一炮不簡單，這一擊引起很大的震動，自是大有理由。帝國的崛起，在黑暗的宇宙中，劃過的是絢麗的流星，還是破壞的碎片？流星過後，是雲絢霞麗的黎明，還是碎片迸濺，一切重歸黑寂？站在新世紀的門檻，在「盛世」的迷幻亢奮之中，中國人，你必須清醒選擇。

國師

二○○五年最後的一刻，中國的一個「國師」逝世，他生前參與的台灣事務，正陷於僵局；同時香港的一個特首述職，他剛上任就推出的政改方案，則橫逢流產。

「國師」生前是一個「開明派」人物，據說主張對台灣「寬鬆」，近年投閒告老，影響力大不如前，而且晚年被權力當局疏遠。鷹派抬頭，說要犧牲西安以東的國土，不惜核襲美國也要「解放」台灣，「國師」臨終的一刻，據說仍不忘關注台海形勢。

特首是香港土生的人物，由殖民地政府培訓，富有香港人的精伶性格，其設計的政改方案，據說也一度暗助香港的民主派發展議會勢力，但一番「好意」，結果無人領情。雖然特首外訪歐美時也吐露心聲，自稱他也希望「儘快實現普選」，可惜形格勢禁，普選的步伐反而受阻，「香港的特首」只有淒然苦笑，接受親中左派的招安。

一個國師，一個特首，一個永遠退了場，一個仍活躍舞台，他們都或許是想為「國家」做點好事的人物，但在中國，不要說做好事，只要想做一些正經事，都舉步維艱，這正是這兩位齒分兩代隔昧生死的人身處的相同的困局。

宮廷權鬥，國際弈爭，理由可以很複雜，其實也很簡單，約可歸納為八個字：「奴才易為，國師難當」，中國不是沒有魄力胸襟都第一流的政治家，只不過無論知識分子還是精賢公僕，如果想推動中國的進步，必須面臨「師奴」之間的痛苦抉擇。

戊戌維新，以流血收場，戊戌六君子被殺，其實六人之上，尚有第七位君子，他也為推動中國的進步奉獻了性命，卻不為後世的中國人所感念，他名叫張蔭桓，廣東南海人，他的英名理應排在六君子之先，但不幸卻湮沒無識，他是百年中國的一個國士。

張蔭桓，號樵野，出生在鴉片戰爭前三年的嶺南商賈之家。少年時中文不夠出色，沒有參加科舉，花了一些錢，買了一個小官，到山東去，當了一個知縣的候補，因在煙台抗拒英

國人徵收海岸關稅，受山東巡撫丁寶楨的賞識——丁寶楨是一位鐵漢，以清室太監不許離京的古訓，誅殺了出京前來山東購辦絲綢、慈禧寵愛的太監安德海而備受尊重——繼而又得曾國藩的弟弟曾國荃引薦到北京，受李鴻章重用。晉身總理衙門，也就是清朝的外交部，被委任為派駐美國、西班牙、秘魯三國的公使。

張蔭桓是百年中國的外交先驅。他出使外國，第一個發現中國沒有國旗，而且把滿清的三角龍旗改為方形，與國際接軌。他乘輪船先到美國，此時剛好碰上美國排華，華工苦力受欺詐，張蔭桓與美國政府交涉，必須保障華工的人權。他訪問唐人街，訓勉海外華人不要以宗姓鄉族之分而內鬥，要團結一致，向美國的白人抗爭生存權。他遠至古巴，為那裏的華僑編製中文的課程讀本，題匾題字，宣播中國文化。

出使拉美之後，繼而又遊歷歐洲，還代表中國出席維多利亞女王登基大典，這是張蔭桓生平第一件成就，他自稱「年少時即極喜泰西炮船，機器各事，熟悉洋務，博見廣聞」，他

知道不但「科技興國」，更向李鴻章等介紹歐美的民主議會制度和契約精神，出國前不識英文，遊歷了一次，需時年餘，張蔭桓學懂了英語，不但廣交國際友好，而且以後的戊戌變法，許多改革進步的理念，正是得於這位見識淵賢的旅行政治家。

張蔭桓不識宮廷權機，回國後與光緒的帝師翁同龢過從密切，甲午中日之戰，他又全力主戰，卻因此而被主和的恩師李鴻章疏遠。張蔭桓見識過歐美的強盛文明，求改革之心極殷，向光緒引薦了改革派後晉康有為。本來連慈禧也很欣賞張蔭桓的才幹，但戊戌維新，政分兩宮，張蔭桓是光緒帝黨的國師級人物，維新失敗，慈禧本來要把張蔭桓也一併斬首，但英美日本等列強大力營救，其中包括日本首相伊藤博文，列強賞識張蔭桓這位剛烈不阿、而又精通國際的性格人物，慈禧把張蔭桓外戍新疆，仍當一個地方官。

但兩年之後，拳匪亂起，屠殺傳教士，慈禧向各國宣戰，八國聯軍進攻北京。其時朝廷已無外交人才，有人想起遠謫新疆的這位外交奇才，提點慈禧，何不恕罪而重用張蔭桓？慈

禧本來早已忘記了這個人，一經提醒，舊恨復熾，怕張蔭桓繼續「裏通外國」，於是派人降諭，在新疆把張蔭桓就地斬決。

歐美政府都很尊崇張蔭桓，見這樣的飽識之士，竟遭野蠻處決，不禁對中國厭惡有加。八國聯軍之後，慈禧方懂得啟用維新的許多主張，但一來人才已經殺光、二來為時已晚，清朝覆亡，已經鐵成命運。

慈禧上台之時，殺了懂得提用人才的肅順，半世紀之後，慈禧崩潰的前夜，又殺了改革精英張蔭桓，只此兩大罪辜，已是萬死難酬。

張蔭桓之死，有幾分也出於性格狂狷。他喜歡擺場面揮霍，又恃才驕奢，目無餘子，在謫戍新疆的時候，沿路仍有欽差接送，途中嘻哈笑謔：「這老太太跟我開玩笑，還差我到關外走一回」，把慈禧稱為「老太太」，嚇得地方官面無人色。

百年中國，「國師」不缺，人才鼎盛：從曾國藩和林則徐，到李鴻章和張蔭桓，何嘗無

力挽救傾頹的國運？但中國的政治宿命，是當一君獨大如秦始皇、劉邦、朱元璋、毛澤東之時，知識分子每每遭到溺冠坑焚的文禍厄運；當兩宮分權如慈禧和光緒之際，知識分子亦必淪為刀俎權爭的魚肉磨心。如非獨裁，即為兩宮，中國的讀書人，即在「願為國師」和「甘當奴才」之間彷徨，一旦論政豪情，化為報國癡心，即有滅頂之災。

在倫敦的檔案圖書館，許多年前，我參閱過英國外交部的一些歷史文獻，其中對張蔭桓這位傑出的中國外交家，英方每多推崇之詞，令人迴首觸嘆，幽思無限。在中國，好人的命運往往很悲慘，讀了許多國士英才的悲劇，如果你還感到憤慨不平，想在血色的黃昏中抒懷長嘯，那應恭喜你，你還很年輕。

民主過程中的陣痛

台北爆發民運，倒扁大遊行之後，又上演挺扁示威，倒挺相報，正反消磨，寧無終日，是民主過程中的陣痛，不論如何一時「混亂」，人民的命運掌握在自己的手裏，總比把命運交給一個獨裁者好；不論陳水扁這個總統如何小人，「我是民選出來的」，總比一個上意欽點出來的君子好。

然而這並不表示台灣的民主是理性成熟的制度。陳水扁家族一來尚未至壟斷如電力、通訊、燃油等民生設施的企業巨貪，而是以老婆吳淑珍為首小家子氣的購物高買，屬於過失，而未至於罪惡；二來案件已移交法院，理應由一個獨立的法院偵辦。如果司法不夠獨立，仍由陳水扁操縱，則上百萬人遊行，呼喊的口號就不應該只是「陳水扁下台」，而是「憲政改革」，不但要把立法院三分二票數通過彈劾的標準降低，還要調查懲辦司法制度的瀆職勾結。

正如「五四運動」，並不止要求北洋軍閥懲辦簽署二十一條的章宗祥、曹汝霖，而是要建立民主和科學的教育，風暴所至，帶來一場「新文學運動」的豪雨，才是向歷史繳交的一套共三張試卷，而不是只答一條考題。

三來陳水扁政府不是一個獨裁政權，本身也是民主政府。百萬人大示威，是全民革命的邊緣行為。民主憲政的目的就是要避免全民革命，陳水扁貪腐事件的核心，是罷免總統的制度不公平，或總統隻手遮天，則台灣的大示威更應集中在制度的改革，例如加強行政院長的制衡權，把中華民國建成蔣氏父子的獨裁、李登輝和陳水扁的民主之後的「第三共和」。

民主的殿堂很少是一代建成的，今日的法國，也已經是「第五共和」，由戴高樂創建於一九五八年。因為戰後法屬殖民地紛紛謀求獨立，戴高樂為了維持法國非殖民地化過程的順暢，抗拒美國霸權的影響，總統必須獨攬權力，確保法國外交的獨立，因此總理權力被削，國會的影響力減弱，第五共和在民主的基礎之上加建了一套「家長制」，結果引起一九六八

年巴黎大學生的暴力示威。

民主必須由憲政和法治約束。台灣總統選舉是一人一票的直選，比英美的普選更加民主，但台灣的司法不夠獨立，「三權分立」的意識只剩行政和立法兩權對峙，致使國民的冤鬱未因民主制度的建立而紓散。因為總統一旦當權，罷免困難，立法院三分之二票數通過，再交公投表決，是台灣前總統李登輝為自己設計的，「寬進嚴出」，以公投直選當權，當權後避免被一個與國民黨兩分天下的立法院彈劾，即使立法院彈劾了，還可以交由全民再表決。

然而為甚麼一定要罷免總統？在一個民主的社會，總統的任期有限，如非特別重大的罪行，國會不輕易罷免總統，出於輿論的壓力，總統會辭職下台，如水門事件的尼克遜。但台灣的「國情」不同：除了其他民主國家元首的政治操守問題，台灣還多了一層「省籍矛盾」，加上儒家鼓吹「修身、齊家、治國、平天下」的道德潔淨思想，國家元首必須「養天地正氣，法古今完人」，社會的民意要求元首除了是一個辦事高效率的行政強人，還必須是一個聖

人。台灣選民經歷過國民黨家天下的金權和戒嚴時期，陳水扁此時當政，不免會受到選民「水至清則無魚」的道德要求，因此陳水扁的女兒尚未成為台灣電力公司的大股東，陳水扁的兒子尚未成為台灣電訊網的董事長，其妻胡亂簽帳的家族飲宴、幼兒奶粉消費，特別天地不容。

當一個國家由專制一夜之間實現民主，國民的理想主義要求也與「當家作主」的熱誠成正比增加。一個全無貪慾的道德家，也可以成為以人民之名的專政魔王。法國革命領袖羅伯斯比爾，號稱「不貪不腐道德大聖」（L'incorruptible），他在權力如日中天之時，只住一個二樓的單人公寓，不喜美食，不近女色，沒有任何消費慾，上班不乘馬車，天天步行，然而其激烈的思想，卻把全國驅向仇恨和毀滅。

民主必須受憲政約束，有如世界盃足球賽，英格蘭對阿根廷，阿根廷的馬勒當拿犯了手球，全世界觀眾都看見了，現場的球證看不見，阿根廷贏了二比一，英格蘭輸得不忿，也不可以叫全英國的球迷來包圍足球場，要求重賽。二〇〇〇年美國總統大選，民主黨的戈爾全

國得票明明比布殊多，但選舉人票少於布殊，而且佛羅里達州的選票點得糊裏糊塗，飲恨落敗，選舉制度是如此之不公平，但民主黨不可能召喚美國的選民包圍白宮，要求重新投票。

台灣的遊行今天倒扁，明天挺扁，到了國民黨的馬英九執政，任何小過失，如訪問大陸，民進黨在野，也可以升級為罪惡，也可以發動一百萬人叫馬英九下台。陳水扁說：「我是民選的總統。」意思就是，從哪裏來的，就到哪裏去，想罷免我，還是要靠選票，而不是靠遊行。動不動就百萬人大遊行，對於一個民主國家，有如小孩感冒了，服用抗生素，雖然一時可以病癒，長期卻不能建立本身自然的免疫力。大遊行「倒扁」，不如「反貪腐」，反貪腐則不如改革憲政，把台灣的共和政體再提高一台階。百萬人大遊行凝聚了民進黨、國民黨、親民黨、台聯等勢力，機會難得，視乎民主的台灣人的視野和胸襟。

形象

陳水扁萬一提前下台，台灣人前三輩子作了甚麼孽，要承受如此一場五色繽紛的災難，因為繼任人是呂秀蓮。

呂秀蓮最近的形象大翻新：一脖子行頭的耳環和頸鏈，看上去竟已經不那麼謝瑞麟。而竟然帶了七分巴黎Tiffany的色彩。一身彩豔的衣裙，好似女裝版的華沙池。挽一隻Prada手袋，走進台南的天后宮上香，一雙胖白的手合攏而唸唸有詞，還讓人看見一隻鑽戒輝映着十隻手指的紅蔻丹。

最為神來之筆，是當她菩薩低眉之際，青山隱隱水迢迢，一抹淡紫的眼蓋膏抹在兩片肥厚聳疊的眼皮之上，隱隱地跳躍着——女人到了更年期，脂肪全身游移暴走，已難受主觀意志的控制，呂秀蓮從前尚未興塗抹眼蓋膏，或許是當總統的鴻運將至，人逢喜事，因此一張

臉孔，嫣紅奼紫的平添了幾分節慶的熱鬧，就像過年之前，把家裏的四壁大掃除，除了髹一層新漆，勿忘記在窗上糊上一隻紅蝴蝶。

一九八〇年，呂秀蓮剛從哈佛回來，還是一個學者，因美麗島暴亂事件被捕受審。當年她三十歲左右，不施脂粉，昂首冷靜地挽一隻手袋出庭抗辯，有一股書生的冷傲和不羈，她犯了甚麼罪？不過是觸犯了言論的禁區。在死刑的邊緣，呂秀蓮的勇毅是一種很特殊的氣質，在中國的女人當中，她是一個稀有的品種。

一九八八年，我在外國的傳播機構工作，呂秀蓮那時已經釋放，晉身台灣立法會，她的代表團出國參觀，公司叫我接待她喝下午茶。她戴一副茶褐色的眼鏡，我問她在獄中的生活，她說到她的癌症，以及專制壓迫之種種，她不是令男人一見傾心的那種人，她用一種奇怪的眼光打量着我，但是我覺得她像一座巍峨的山峰，多於像一座明豔的湖泊，她是一個很突出的人物。

再在電視上看見她，呂秀蓮已經是副總統。其實比起許多女人，她都能幹而有內涵，但她需要一間形象顧問公司，教她把髮型換一換，珠寶首飾不要掛得像聖誕樹，還有那一片淡紫的眼蓋膏，並不十分淒美，那樣奇異的顏色，只令人想到七月十四的黑夜，而不是雙十節黃昏的夕陽。

泡沫化危機

台灣的倒扁示威，「環島行動」沒有甚麼效果，又發動「雙十天下圍攻」，癱瘓雙十慶典，號稱發動二百萬群眾，領袖施明德沉醉在「民主」的光環中，誓要「創造歷史」。台灣人的問題，正是已經處身一個民主憲政的新時代，還想「創造歷史」。台灣的倒扁行動，雖然動不動就號稱一百幾十萬人，但國際傳媒，卻不太感到興趣。台灣是一個長期受盡外交孤立的「島國」，倒扁行動的群眾心理至為複雜，其中一層，正是想吸引國際注目，只有《紐約時報》、路透社、CNN把台灣的民主運動放在頭條，台灣人才享有成為「國際社會」一員的精神滿足。

然而至今為止，事與願違。為甚麼？因為歐美的政府和傳媒，並不認同台灣這場倒扁運動是人類自由民主鬥爭史上突破的一章。施明德號稱「南非曼德拉」，但今日的民進黨政府

並非南非白人種族主義的極權。台灣人的憤怒和抗爭，只是遠東太平洋岸的一星小小的波瀾。

甚麼樣的民主運動才是創造歷史的真正抗爭？二〇〇六年十月，是匈牙利人民革命五十周年紀念。玩民主運動，想玩出一點國際水準，不妨回顧一下中歐這個小國半世紀前的一場驚天地泣鬼神的革命史詩。

一九五六年十月六日，匈共政府為前內政部長拉澤克舉行國葬。拉澤克在史太林時代因為反對蘇共「老大哥」獨裁，遭到秘密處決。國葬有三萬人參加，匈共領袖表示，要由史太林個人崇拜的專制中汲取教訓。

為甚麼匈共會厚葬一名前部長？因為政治氣候出現了變化。一九五三年史太林暴斃，繼任人赫魯曉夫召開蘇共二十大，發表秘密報告，批判史太林個人崇拜的恐怖統治。匈牙利是雅爾培會議中由英美蘇三國領袖協議出賣給蘇聯的犧牲品，史太林時代的蘇聯欽點了一條忠實鷹犬拉科西當總理，取締匈牙利各政黨，捕殺知識分子，內政部長稍有異議，即遭秘密審

訊處決。史太林死了，蘇聯的恐怖專政有所緩和，一向強悍不服的匈牙利人，覺得這時是行動的時候了。

兩個多星期之後，大學生自發聚集示威，沒有組織，沒有領袖，只是要求蘇聯由匈牙利撤軍，高呼民主自由。匈共政府下令鎮壓，但示威群眾釀成暴動，軍隊不敢開火，群眾在街頭毆斃了一些秘密警察。匈共慌了手腳，讓溫和派領袖納吉出任總理。納吉站在人民的一邊，同意推行改革，要蘇軍撤出匈牙利，並提出退出華沙公約國組織。

赫魯曉夫假意答應，指示駐匈牙利大使安德羅波夫與納吉斡旋，蘇軍剛撤出邊界，忽然來一記回馬槍，與一大批坦克一起突襲布達佩斯，殘殺示威群眾，鎮壓民主革命，納吉潛入南斯拉夫大使館，後被蘇軍拘捕，秘密審訊後再處決。

一九五六年匈牙利人民的革命雖然失敗，卻為三十多年之後蘇共垮台打響了信號彈。

匈牙利革命沒有英美策動和參與，因為當時英法兩國正捲入蘇彝士運河危機，跟埃及總

統納塞爾展開一場利益爭奪的決鬥。赫魯曉夫出兵匈牙利，正是以英法出兵埃及為藉口。然而匈牙利人民起義之後，巴黎、倫敦、紐約、西柏林都有聲援民主公義的示威。因為這是極權與自由的對抗，匈牙利人反抗的是一個強加在他們頭上的史太林式軍事獨裁政權。

一九五六年十月的匈牙利人聯同總理納吉，是創造了歷史，因為這樣的民主抗爭，大氣魄、大格局，是推翻一個殘暴的制度，不是叫哪一個領袖下台。當時匈牙利人明白，他們反的不止是獨裁者拉科西，而是要改寫歷史，把羅斯福和邱吉爾聯手出賣給蘇聯的悲慘命運從頭改寫。

民主運動必須有一個主題，此一主題必須黑白分明，是專制和自由的殊死決戰，是為了掙脫身上的銬鐐枷鎖。台灣人身上，今日並無銬鐐和枷鎖，只有對岸的軍事威脅，台灣今日的總統是民選的總統，施明德不是納吉，陳水扁不是拉科西，而赫魯曉夫那樣的軍隊和坦克，還沒有開進來。

因此台灣倒扁運動的所謂悲情，是誇張而矯揉的，根本文不對題。人類歷史上一切可歌可泣的抗爭，由羅馬的斯巴達克起義，到匈牙利的反蘇革命，都是極權的黑暗和自由的光明之戰，是電腦的「零」和「一」的二元對立。台灣的倒扁運動，漸淪為一個島國遺民的一股尋找身份的矯情濫殤，就像大陸的《英雄》、《無極》一類「盛世鉅片」，空有陣容、色彩、資金，但故事空洞，情節犯駁，對白可笑，只是一群大陸電影工作者向奧斯卡拋媚眼的一廂情願的自戀和單戀。台灣這場倒扁運動，愈演愈濫，領袖施明德，愈來愈像中國影壇關起門來追求「自我肯定」而接受一群見識有限的盜版電影觀眾盛世歡呼的「大師」。

以歐美日本為主流的國際社會不是傻瓜，他們見識過戰後六十年真正的人民革命，對於台灣倒扁運動這種趕時髦的億萬金元的大片，恐怕不會真心欣賞。陳水扁只要不出動軍隊，不讓施明德當烈士，所謂「一旦我有甚麼不測，你們不要停下來」這類濫文藝腔的對白，其感染力畢竟不可以跟匈牙利詩人裴多菲「生命誠可貴，愛情價更高，若為自由故，兩者皆可

拋」相比，台灣的這場「民運」，就會像中國的「盛世大片」一樣，缺乏真正的戲劇張力，人物性格平面而淺薄，一場血癌、白血球過多、自我吞噬，而又根本沒有真正的病毒和細菌，千軍萬馬的拖下去，施明德始終不肯自焚，連高潮也沒有，只會叫人打呵欠提早離場。

華倫天牢

雖然這位先生坐過二十五年牢，但坐牢跟性感應該是兩回事，不然人家曼德拉，坐過二十八年的牢，豈不成了全球女人尖叫瘋魔的超級華倫天牢？

自焚和切腹，即使當做口號來呼喊，已經太過偏激。今天是二〇〇六年，不是宋末元初，男人不必擺出一副文天祥的氣概來征服女性的，come on，小鬍子先生，relax。對了，問題正出在——我認為——他的那撇小鬍子上面。亞洲男人蓄鬍子，永遠賽不過拉丁男人。意大利人和法國人的鬍子很macho，而越南和中國包括有一點點西班牙血統的賓佬，男人到了中年，還蓄着那麼一撇蝦餃，只會令人覺得猥瑣。

因為亞洲男人的氣質陰柔，毛髮柔而不茂，長得沒有地中海一帶男人的鬍子那般粗壯，就像樹木的分佈，在亞熱帶，只有蕉椰和台灣相思之類長得鬱綠，論松樹的松針，始終是歐

洲的葉子粗尖扎人。

亞洲男人不要隨便蓄鬍子，這只是個植物學的問題（A botanical issue）。留了鬍子，看上去稀疏糙拙，總讓人覺得是不是裏頭夾着兩顆蚤子。何況傳媒的社會風化新聞曾經報道，把小女孩誘拐到天台去一起看金魚的，都是這類鬍鬚伯伯，到了天台，他蹲下來，把一張油臉哄到小女孩面前：他凹陷的毛孔、外露的鼻毛，唇上一片邪惡的鬍鬚，為小女孩留下終身的噩夢。

這位台灣民主偶像，全身都是政治細胞，誰會愛上這種人？跟他喝杯咖啡，他滔滔不絕地講蔣介石動員戡亂時期的軍事憲政問題——天啊，這是甚麼？但他很享受在一個少女面前當一個社會學教授的優越感，他以為在火燒島上的單獨禁閉，是一種浪漫的資歷。

這樣的男人，在台灣容易得到女人的傾心，因為台灣女人是看三毛的小說長大的，她們的荷爾蒙永遠浸潤着一層撒哈拉的黃沙。然而三毛式的浪漫，是一座海市蜃樓，正如在現實

中，其實並沒有潛水溺斃的荷西。在愛情的遐想裏，留小鬍子的革命英雄，只有哲古華拉，在遠東其他地方，也學着哲古華拉以小鬍子來呵刺女人的腮鬢的，都是偽冒。

革命的激昂，雖然也很浪漫，其實與愛情毫不相關——不錯，一個留小鬍子的社會革命家或許很有魅力，但如果他生長在遠東，那不是一種sex appeal，因為那種激情，還欠缺許多配料：Lambada的音樂，聶魯達的詩篇，用西班牙文演說的節奏，哥耶的油畫，這一切，像一盆沙拉，青椒、橄欖、番茄，缺一不可，方是可口的一道完美的頭盤。

再齊全也只是頭盤罷了，還有調情的技巧和燭光吹滅之後的一切。這位小鬍哥，像台灣七十年代江彬、易原主演的一大堆武俠片，動不動就滿銀幕的雞血，遍地的斷臂和人頭。他要自焚和切腹？免了吧，Give me a break，雖然他的理想，我們不便異議，他畢竟坐過二十五年的黑獄，但他不是華倫天牢。

只是一台戲

小馬哥又告急，清廉形象不保。小馬哥悲情發言：「化悲憤為力量，義無反顧，我要參選總統，我不會被打倒的，再說一次，我不會被打倒。」

好像舊京戲的《林教頭風雪山神廟》：正氣的林沖為高衙內所害，發配滄州，戴着一副木枷，一身粗藍素服，後面跟着手執水火棒的衙差陸謙，男主角一頭長髮束成一條烏黑的水辮，呀呀呀呀的唱着，到激情處，俯下身來，把水辮旋成一圈黑雲。

頭轉得愈快，觀眾愈High。小馬哥的正氣，三分像舞台上的林沖，七分是台北正中書局印行的中學課本裏《正氣歌》的文天祥。小馬哥的一副油髮和白皙方正的臉孔，配以西裝，意在言外地，雖然還有一絲六十年代東寶電影公司加山雄三和丹波哲郎的英氣，小馬哥的底子畢竟是民國時代過來的遺少，到生死關頭，比起當年日本警匪片小生的倜儻，硬是略嫌嚴

肅凝重。

不錯，台灣那個師奶市場不一樣：都是看中影的《英烈千秋》和讀瓊瑤的文藝長大的，戒嚴的日子，在「蔣公」威儀的眼神下，養天地正氣，法古今完人，台灣女人情迷的是柯俊雄和《煙雨濛濛》裏的男主角何書桓，都把自己當做凝視着窗外的那個女學生，對着攤開的日記，咬着筆尖，怔怔地出了神。

歐洲和美國不會出產小馬哥這類「政治家」。這不是小馬哥適不適合從政的問題，而是剛從溫柔敦厚、天下為公的儒家思想「轉型」為曝光 sound-bite 天下圍攻的民主社會的過程中，當一泓清淺的小河淌過黃土地流向汪藍大海的時候，在鹹淡水交界的地方，一條錦鯉掙扎着的生存問題。錦鯉生下來是條淡水的生靈，牠沒有錯，海洋都這樣鹹，海洋的本質也沒有錯，是流淌着的河水錯了。

小馬哥像一個風紀的領袖生，參加建國中學一場校隊比賽落敗之後，回到學校來，向女

生和老師發表的一場總結的演講：我不會被打倒的，再說一次——不必再說，說一遍就夠了。

在中國政治的水族館裏，不是錦鯉，就是大白鯊。不是神仙魚，就是魔鬼魚和電鰻，小馬哥咬着自己的亂髮，抱着木枷，呀呀呀地唱出了一門血染的英烈，八歲的時候，我就知道這不過是台戲，只是這位演員讓古今英魂纏身，尚未清醒過來。

第四章

沉沙洗劍的一支十字軍

受難和復活的混沌與迷茫

美國國家地理學會鑑定猶大福音，揭露猶大出賣耶穌，是耶穌所授意，一心為了成全釘十字架而得道升天。猶大不但不是叛徒，也沒有因三十個銀幣之貪而犯罪，而且還是耶穌最寵信的門徒，基督教的基礎不會有所動搖，但一些信念卻難免要重新定位。

從「叛徒、內奸」到「接班人」，從「開國元勳」又打成「反革命」，五十年來中國人一早習慣了基本價值觀的左顛右倒、混是淆非，或許覺得「猶大福音事件」沒有甚麼大不了，但對於西方世界卻有很大的震撼。「猶大」已經進入英語辭典，成為「叛徒」的同義詞，猶大一旦平反，則猶大亦為門徒，應該受到歌頌崇拜而不是唾棄的詛咒，這一點恐怕三四代人也調整不過來，很難像中國人一樣，一朝天子，新主登基，馬上就可以「統一思想」。二十一世紀，是一個禮崩樂壞的世代，恐怖主義盛行，自然生態污染，耶教文明的歐美人才凋

零，科技進一步令人的價值觀陷入真空。耶穌沒有在水上行走，不過是踏過浮冰；摩西過紅海，只是氣象和海嘯的交感效應，科學不斷挑戰神蹟信仰，包括最新驗證的猶大的傳奇。如果用理性來驗證，天主教有許多漏洞。羅素曾經指出：天主教無法解答一個最關鍵的問題：上帝創造了世界，然而上帝之前是甚麼？如果上帝全能，則為何無法制止人世的種種罪惡？即使上帝對世間罪惡的容忍是為了考驗人的意志判斷力，但為甚麼「祂」要拿人類來做實驗和尋開心？

天主教的最大弱點，似乎是強調了上帝之全能。如果上帝不是全能，而其實正在與撒旦進行着一場決鬥，上帝是正善的代表，但對魔鬼的法力日漸勞絀，需要人的幫助，撒旦是邪惡的化身，也在地球上游說人類的信仰和支持，如果天主教多了一層「神權民主」的色彩，至少可以解決了「上帝能不能創造一塊祂舉不起的石頭」的邏輯盲點。電影《驅魔人》不也就有這樣的暗示嗎？附身小女孩的魔鬼，功力極高，賠上兩個神父的生命才驅趕得了，其中

一個還有抑鬱症，他叫魔鬼附上自己的身軀再跳樓自殺。《驅魔人》的震慄感不在於無形的魔幻感，而在於結局的一絲令人嘆息的悲觀主義。

然而，耶教的最大優勢，是兩千年來不斷修正，不斷改革而增加了包容。猶大福音也曾被指為異端，一五〇〇年的宗教改革家馬丁路德何嘗不是？從天文學家哥白尼，到進化論學家達爾文都不容於天主教，同性戀和墮胎也一直受到天主教排斥，但火刑和十字軍的黑暗時代畢竟已成過去。

信仰是盲目的，科學需要理性，《聖經》和進化論可以在學校同時列為課程，反而有助於弔詭的逆向思考，有如老頑童周伯通的左右掌互搏：矛盾就是統一，缺陷就是完美，排斥反而和諧，異端可成正道，西方國家展現了寬容的精神，與東方的佛教、老莊哲學和易經，還有崇尚多神的印度教殊途同歸。一個宗教不可以壓制自由和人權，不可窒息人的創造力，但在科學發展過速時又在人文精神的高地棒喝而制約——如原子彈的製造和複製胚胎——防

止科學走向危害人類幸福的極端，天主教兩千年來，由血淚中汲取教訓，不斷修正，也有所反動，信仰和理性得以並行不悖，《聖經》和進化論一起教，不會再引起混亂。

二〇〇六年大陸舉辦全球佛教年會，這本來是好事，但舉辦佛教的盛事，如果是為了抗衡天主教的影響，則淪為庸俗的政治考慮，這也不是佛教的原意。佛教的圓融，為心靈帶來和諧和歡欣，釋迦牟尼不以全能的絕對真理之神自居，主張人人修佛，人人可成上帝，因此佛教兩千年沒有甚麼分裂的紛爭和排斥的仇殺。然而當義和團的一段歷史也不容許學術的另類討論，中國的思想狀態不但背離佛國的理想，而且陷於相當於歐洲的中世紀，中國的總理難當，不離一個苦字，不知溫家寶先生是否了解此一愁苦的根源？

地球一體化，不應只限於經貿，更不應只限於荷李活電影壟斷亞洲，東方的宗教信仰，於抑制西方資本主義消費氾濫和掠奪造成地球生態的嚴重破壞，苦海無邊，回頭是岸，本來是一帖解救的良方。達賴喇嘛在歐美信眾日多，原因並不是歐美民眾對支持西藏獨立、「分

裂中國領土」懷有極大的興趣，而是達賴的信仰和哲學，提供了天主教無法提供的答案。中國自稱在二十一世紀「和平崛起」，然而中國的現代化（Modernisation），純粹是物質和消費的現代化，而無力把中國的道家哲學和佛教引入全球的生活主流，使之形成一種新的「現代性」（Modernity）的新楷模。當歐美許多知識分子逐漸把眼光投向東方，尋找精神信仰的另一條出路，但卻看見信仰真空的中國人只懂得循行美國工業化的舊路，物質消費的慾壑大開，漢堡包、手提電話、汽車工業成為中國人唯一明白的物質語言，對地球的環保和資源增添了威脅，不免大為失望。

歐美扶掖印度，如果不純粹為了勞工市場，如果也同時要求印度把始創的佛學和印度教納入全球一體化的軌道，與天主教合流互證，則人類會有一個比較光明的未來。二〇〇六年的復活節，世界更加動盪，前景令人擔憂，猶大可以平反，善惡卻必須堅持，耶穌或許真的在十字架上復活了，但二十一世紀的人類在十字路口，真正的抉擇又是甚麼？

教宗講話，又冒犯了伊斯蘭，阿拉伯國家喊打喊殺，認定教宗想掀起第二次「十字軍東征」。

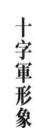

十字軍形象

十字軍在世人心目中有甚麼聯想？戰後五十年的荷李活電影，把十字軍包上一層浪漫的糖紙。例如《劫後英雄傳》，講李察獅心王出征中東被俘，武士艾雲豪勤王，男主角羅拔泰萊英偉萬狀，女主角伊莉莎白泰萊百媚千嬌，十字軍就這樣「包裝」成一支武俠的雄師。英國五十年代有一套兒童圖書，名叫「小甲蟲歷史叢書」，裏面的插圖，把李察獅心王放在正中，金光閃閃地舉劍劈向四周半裸的阿拉伯兵。

還有電影《萬世英雄》裏的查爾登希士頓，他有時幫阿拉伯人打西班牙人，有時幫西班牙人攻打阿拉伯，殺了女主角蘇菲亞羅蘭的父親，十字軍武士無一不是偶像，就像中國歷史

上征伐匈奴的衞青、霍去病、李廣，是中國兒童心中的英雄。

但是在地中海的彼岸，抗擊十字軍、「保衞」耶路撒冷的伊斯蘭民族英雄沙拉丁才是偶像。沙拉丁誕生在伊拉克北部的迪吉，與侯賽因同鄉。侯賽因在巴格達豎立過一幅巨大的宣傳畫，把自己跟沙拉丁畫在一起，就像中國的馬恩列斯一樣，一邊是坦克，一邊是駱駝騎兵，意思就是他才是阿拉伯民族之魂的繼承人，但是沙拉丁是庫爾德裔，侯賽因卻是屠殺庫爾德平民的兇手，對於這一層，伊拉克的老百姓是不許再查詢下去了。在一個沒有自由的國家，問太多問題，就等同不愛國的。遲至二十一世紀，荷李活的《天國驕雄》才還給沙拉丁一點公道，讓沙拉丁跟十字軍男主角奧蘭度布隆惺惺相惜，平起平坐，但是太晚了。

今天的匈奴，在中國早已滅族了，因此中國兒童的教科書只知道岳飛是英雄，中國人沒有機會聽一聽匈奴那一邊的故事。他們也一定有他們的英雄，但匈奴、西夏、契丹，還有甚麼鮮卑、花剌子模，這些在五十年代中國連環圖裏衣飾怪異的妖族，他們不是已經「同

化」，就是連文字和語言都消滅了，他們的英雄故事呢？

看《劫後英雄傳》，不要相信十字軍都像羅拔泰萊那樣俠氣縱橫，同樣，讀中國歷史，不要想像衞青、霍去病、岳飛，一個個都像鄭少秋或郭富城。不過阿拉伯人比匈奴們運氣好，他們活了下來，他們敢向布殊say no，但是匈奴和契丹，在大漠上只留下一堆荒塚。

無底黑洞裏豈有無窮星空？

英國天文學家霍金訪問香港，掀起「霍金熱」，加強了一點香港「國際城市」的自信。跟每屆世界盃足球賽，必有「為甚麼中國十三億人口出不了一支世界足球隊」一樣，霍金訪港，在一通喧嘩的閃光燈、記者披露霍金三餐的菜譜之後，也有人產生「為甚麼中國出不了一個霍金」之類的「深度思考」，縱使這一類問題，已經相當令人打呵欠，但霍金這個產物，就像宇宙的誕生，到底從何而來，其名應甚麼時運而盛，也是一個相當有趣的課題。

說霍金是「英國天文學家」，不如說是「劍橋天文學家」，霍金先是一個「劍橋人」，而後才是英國人。劍橋大學最早在「邊緣化」的風暴中誕生：八百年前，幾個牛津的學者被居民追殺，逃到劍橋落戶，住在簡陋的客棧中繼續研究學問。劍橋的地主、客棧老闆、連當地的小販又對這批學者百般欺凌，他們收最貴的租金，糧食亂抬價，最後驚動當時的英王亨

利三世，下旨把劍橋的學者置於皇家的保護。劍橋學人是被逐出牛津的亡命之徒，因此以後才有延綿幾百年的「瑜亮情結」之爭。牛津是少林寺，劍橋最初是「丐幫」，後來又變成武當，學風叛逆，勇於創新，八百年來全因為一股似有若無的「被迫害妄想症」。

問霍金「信不信有神」，是多餘的，因為八百年來劍橋的大人物不是無神論者，就是膽敢反基督教的異端。劍橋出過詩人米爾頓，其長詩《失樂園》對撒旦多肯定之詞，指上帝與撒旦因為一場激戰而分道揚鑣，以後才發生了對阿當夏娃的伊甸園之惑。《失樂園》一度被禁。

劍橋英皇學院創辦人克蘭瑪主教，更支持亨利八世與梵蒂岡決裂，為英王簽署離婚證明，倡行宗教改革。其後劍橋還產生了數學家牛頓、生物學家達爾文、哲學家羅素，全部是教會眼中的叛逆異端。二十世紀三十年代，劍橋甚至成為蘇共史太林滲透的對象，在劍橋的同性戀學生中出過臭名昭著的「五大共諜案」，史太林看中劍橋而不是牛津，可謂深具慧眼。

劍橋的知識分子敢於挑戰傳統，所以天文學、數學、醫學家輩出；牛津保守，是培養歷

史學家和政治家的溫牀。劍橋重理，牛津珍文，幾百年來，英國這兩家大學，早已實現了中國道家的陰陽相調的理想。劍橋和牛津鑄造了英國精英的雙重性格：既勇於創新，又珍視傳統，倚馬吟詩，上馬論劍，牛津蓄勢內斂，劍橋曠才外傲，《占士邦》片集裏的主角皇家特務占士邦，會玩精密的高科技武器，也會玩女人，也是劍橋東方語言學院的高材生，此一細節，容易被世界的觀眾忽略，其實大有底蘊。

牛劍花開兩朵，幾百年來都各豔一枝，因為英國歷代的君主都沒有干預過教育的獨立，更遑論殘殺知識分子。英王亨利八世已經是英國史上數有的暴君，但劍橋的聖三一學院和牛津的基督學院都由亨利八世創立。有幸亨利八世本人也仇視羅馬，凡在歐洲不許研究的禁忌如天文學，都可以投奔來英國這片學術自由之鄉。今日劍橋出版社的「劍橋天文學百科全書」，是全球天文學獨步的權威，還有劍橋出版的醫學史，劍橋確認的中國科技史，都成國際名典，一點也不偶然。

劍橋和牛津擁有歷史悠久的不同性格，不止是兩家學府，而是兩位古老而年輕的風流人物。日本明治維新成功，師法英國，也創立了東京帝國大學和早稻田大學，保守和激進兼容，可謂深得其中智慧。要諒解年輕人的激進，寬容新思想的異端，不要對新生的思想趕盡殺絕，同時亦以傳統相衡，英國有最保守的貴族世襲制，卻又有披頭四樂隊和米積架；有保守黨，卻又有工黨的現代社會主義；庇蔭過羅素，也收容過馬克思，這一套道理，對於崇尚「焚書坑儒」的另類古老大國，只識沉迷於「科教興國」一類的庸俗口號，或以為撥款若干十億，購買電腦和投映器，即可實現「十年內讓六成中學生讀大學」，自當如夏蟲與語冰，永遠不可能明白。

英國在現代化之路一蛻三變，改革暢順，沒有經歷過甚麼流血暴力，至今日仍是理性和自由的重鎮，牛津的奇珍，劍橋之異寶，堪稱立國雙璧。辦大學就是要辦成這種氣派，霍金不是科舉制考出來的「狀元」，也不是填鴨制逼出來的「鴨霸」，霍金當初選讀數學和物理

學，他的父母大概也沒有叫他另選工商管理或土木工程，只因為這些科系對出路和起薪有更好的保障。更重要的是，在霍金誕生的環境，絕不是扼殺一切思想生機性靈的黑洞，只是璀璨無垠的一片夜空。

精英教育

劍橋大學擬引入「大學前考試」(Pre-U)課程，取代全國預科高等課程會考（A Level），理由是A Level問卷太淺，拿到A的學生太多。工黨政府八年以來，悄悄改動牛津劍橋的精英教育，要兩家大學招收定額的平民子弟，不讓貴族世家壟斷學額。此外，馬卓安時代把全國的理工學院一概升格為大學，大學學額一夕暴增幾倍，資源撥款隨增，高等會考的問卷只有進一步「平民化」，少刁難，多放水，結果是精英大學的學術質素被「加股」沖淡。

牛津劍橋本來有自己的入學面試，試題天馬行空，沒有甚麼考試範圍，考核學生淵博的通識、對尖銳問題的觀點、想像力和急才。考題可以是「假如上帝承認自己是個同性戀者，你是教宗，請在五分鐘內向全球的天主教徒發表一篇十分鐘的演說」，也可以由教授用鉛筆在一張紙上畫一個圓圈，一句話也不多解釋，叫考生自由評論。這種面試考的不但是學生的

才華，幾位主考官的胸襟、見識、判斷也必須是世界級，不會因考生的政見迂腐於保守主流而引為同道，也不可因考生的立場偏激反叛而斥為異端。在優秀文化如古希臘蘇格拉底與學生的星空辯論，或如西藏的高僧考核轉世的達賴喇嘛的密室答問，都是智慧交流的對話(Discourse)。一個年輕人從小有這樣的訓練，其教育制度必須開放，其社會言論文化必定自由，牛津劍橋訓練的是羅馬式的統治者(Rulers)，對美國的MBA一類課程看不上眼，不是沒有因由。

牛劍之間，劍橋比較反叛，牛津大學畢竟一向是保守黨培訓新血的溫牀，思想左傾的學生到底還是有點斯人憔悴。英國歷史上無數保守黨政府首相出身牛津，工黨的牛津畢業生卻寥寥可數。戰後最為突出的威爾遜是其中之一，卻與美國共和黨的右翼政治格格不入，更傳因其內閣有至少兩名大臣為蘇聯間諜而被美國中情局脅逼辭職。工黨的貝理雅跟隨布殊攻打伊拉克，不無工黨疏遠美國的歷史「洗底」之意，但摧毀牛津的貴族階級意識，向平民開

放，亦不無為明天的保守黨改換基因工程之意。

然而這樣一來，英國的大學教育出現了危機，為了促成高等教育普及，試題太淺，進大學的標準降低，此一惡果早種於缺乏大學資歷的馬卓安。歐洲的高等教育制度，以德國為首，階級意識區分甚嚴，在大學之下，還有「專業學院」（Professional College），大學以修讀經典理論為主，亦即文史哲和醫學、法律的殿堂，專業學院才以機械工程和電腦等理工科為主，在此之下還有工業學院，讓考不進大學和學院的學生最快學到一技之長，如木工、砌磚、廚藝。文科和法律較尚清談，沒有甚麼實在的技藝，但在柏拉圖的理想國裏，國家本來就應該由哲學家來做領袖，文人知識分子統領技匠，理所當然，建築學進大學去唸，建造工程和搭棚、倒水泥、測量，只准在工專學院這下兩層開課。大學畢業的「地位」高一點但可能一生孤高清流，但工專畢業，憑技藝傍身卻可以先致富。長遠來說，工專的學生不必自卑，完全可以跟大學生扯平。

正如香港一度擁有的立法局、市政局、區議會、社會的問政機構（Hierarchy）也跟英式的高等教育制度相似。等級能維持穩定，中小學可以強迫免費教育，社會納稅人卻不欠任何中學畢業生一個大學學位。十七歲的青少年中學畢業，志趣應該定型，想追求學問的，向左走，進大學；對唸書感到疲倦而只想學一門技藝，向右走，進工專。一個健全的社會，士農工商的出路齊全，就不會全民都想當所謂「大學生」，追求的只是畢業禮之日穿上黑袍拍照的風光目標。

香港有八家大學，還剩幾所「副學士」和「毅進」、「展翅」一類又被視為失敗者的避難所，但大學的哲學系畢業生當保險營業員，歷史系畢業生當房地產經紀，新聞系或中文系畢業生做「狗仔隊」記者。經濟的泡沫化，不但早就消弭了殖民地時代行之有效的大學和工專三級制，連大學的學系之間其實也沒有甚麼分別，「四大支柱」的金融、物流、旅遊、行政專員服務，全港的老闆面見畢業生，如一家旅行社的東主，不知有幾個會知道「人類學」

是甚麼名堂，一個美術史一級榮譽畢業的僱員對他的旅遊生意有甚麼幫助。經濟泡沫化，大學雖然有八家，卻出現了「氣泡化」。

英國的大學教育往何處去，畢竟更值得關心，因為英美是今日世界文明的主流。經濟學家佛利民說，教育不止是「上學」的訓練（schooling），而是知識的教授（teaching），經濟學家比較實際，說少了一個層面，教育更加是心智的啟蒙（enlightening）。對於崇尚填鴨、受教育為求「搵食」的「民以食為天」的社會，解釋其中道理，自從胡適和蔡元培開始，已經浪費了許多唇舌和光陰，至今還在「教育改革」的空洞口號裏打轉，以有限的下半生，其實不值得加入這種討論，反而英國的教育前景更令人擔憂——英國貝理雅政府的教育大臣在紙上畫一個圓圈，英國的家長和有才華的學生，愈來愈糊塗了，他們看不見其中有甚麼名堂。

歷史教科書的恩怨心盟

二〇〇六年秋季開始，法德兩國的中學歷史教科書，開始使用經兩國政府聯合審訂的共同課本。兩國共同審訂歷史教科書的協議，二〇〇三年由法國總統希拉克與德國總理施羅德簽訂，而且坐言起行，三年之後，兩國以不同的語文，出版了同一課程的教科書，實現了理想。

法德兩國都是優秀的民主國家，文化傳統悠久，雖然有過普法戰爭和第二次世界大戰時希特拉侵略的歷史創傷，但這兩大民族的品味和氣度，兩國都認為，不但同為歐盟會員，而且共用一套教科書，是今後衷誠合作的新起點，然而在審彙課程期間，雙方也不是沒有爭執：法國政府教育部最初堅持在教科書中強調五十年代戴高樂反美獨立外交路線對歐洲的「貢獻」，德國政府表示拒絕。

德國教育部認為：第二次世界大戰的歐洲，是美軍登陸諾曼第之後解放的，一九四八年

蘇聯封鎖西柏林，西德的民主政體一度告急，美國領導的北約組織執行馬歇爾計劃，捍衛了西德，使之免受赤化。德國要求教科書多講一點法國殖民主義的「罪行」，法國也有點尷尬。

歷史雖然共同審訂，但在文字和教學方式方面，法德兩國也有過異議。例如，德文的教科書課文比較長，因為德國教育對語言的思維邏輯一向要求嚴格。法國版的課文寫得簡潔一些，因為法國人比較感性，性格激昂一點，不太喜歡嚕囌。

對於某些歷史事件，德文版留給學生一點點想像的空間，例如紐倫堡大審這一課，德文版教科書有一條考題：「如果要在紐倫堡大審的法庭外豎立一座紀念碑，請擬寫一篇碑文。」這樣的課題，集理性分析和創意想像於一爐，對中學生是很好的訓練。法文版卻沒有這一條，因為法國中學的歷史教育，一板一眼，法國人的藝術氣質很重，對歷史的詮釋，卻沒有想像力的餘地。

法德合作，隔海的英國也見獵心喜，考慮分別與兩國合撰歷史教科書。然而法德可以合

作，不等於英法和英德之間也能分別共度歷史教育的蜜月。首先，英國和法國的歷史宿仇比法德之間長久：英格蘭的立國，即由法國諾曼第的侵略催生；十五世紀，英法百年戰爭，英軍殺害了聖女貞德，且不說威靈頓公爵在滑鐵盧大敗拿破崙。第二次世界大戰期間，法國向納粹德國投降，邱吉爾接到消息，二話不說，馬上下令直布羅陀的皇家海軍搶先擊沉法國在地中海的海軍精銳艦艇，以免落入希特拉之手。英法爭奪亞非殖民地，德國沒有份。德法多次戰爭，法國大都輸得心服口服，包括貝當元帥接受德國扶植，成立維希偽政府。戰後戴高樂的反美情結，隱含着邱吉爾羅斯福結盟以來對英國的一份醋意妒恨。

英國在第二次世界大戰期間戰勝納粹，邱吉爾為了報復希特拉空襲英倫，派皇家空軍狂炸漢堡和德累斯敦，一時濫殺的平民婦孺多達六七十萬。德國歷史學者有為此而指邱吉爾為「戰犯」者，德國如何能與英國合寫教科書？法德合作，有意把英國排除在外，但以歐盟為基礎，歷史教科書的三國合作，相信只是時間問題。

法德合作成功，是一段文明的佳話，今日東北亞局勢緊張，北韓在玩弄核武器，日本新首相安倍晉三上台，急謀與南韓改善關係。為了東亞和平，日韓兩國，不妨也由合撰歷史教科書開始。兩國都是民主國家，對於人權和自由，擁有共同的信仰基礎，然而日本不肯面對百年前侵略朝鮮的歷史，韓國的自尊心太強，一早把漢城日治時期的舊建築拆光，也未必肯如實承認日本明治維新對啟迪韓國現代化的貢獻——例如催生甲午戰爭的朝鮮「東學黨事件」，東學黨就是一群朝鮮知識分子，羨慕日本維新的成就，希望擺脫滿清的藩屬地位而走上日式現代化的獨立之路，結果滿清出兵，日本干預，爆發一場日清戰爭，其後朝鮮成為日本殖民地，日本佔領之後，以武力平定朝鮮的民族主義勢力，則屠戮甚酷。凡此種種歷史血債，韓國人至今的情緒尚未平復，日本則因靖國神社的參拜問題，也難以妥協。

然而，歐洲的民主國家能做到的，亞洲的民主政府為甚麼做不到？日韓的歷史教科書為甚麼不可以共用一套？如果不可以，則日韓又何能奢望與歐美平起平坐？化解宿怨，由建立

一套科學、寬容、理性的歷史觀開始，法國和德國率先做到了，而且垂範文明社會，在這個戰雲密佈的世界，這是一線微弱的曙光。

反目成仇

法國與美國日漸鬧翻。隔着一個大西洋，本來是惺惺相惜的好友。

沒有理由變成這樣子的。美國的獨立戰爭，反抗英國殖民統治者，法國派將軍拉法葉去美洲協助華盛頓抗英。法國被德國納粹侵略，美國知恩回報，羅斯福派盟軍在諾曼第登陸，解放巴黎。

法國人盧米埃兄弟發明了電影，美國荷李活把法國人這項偉大的發明發揚光大。法國把自由神像送給美國做禮物，豎立在紐約港口，變成了美國的標誌。法國人曾經很喜歡謝利路易，而美國觀眾都情迷嘉芙蓮丹露。美國的警匪片叫做Thriller，而法國的同類作品叫做「黑電影」（Film Noir）。

最懂得欣賞法國的，本來是美國人。美國人喜歡巴黎的那一股帶點香水的淫蕩味。小說

家海明威在巴黎浪跡了幾年，美國猶太作家索貝婁有一篇散文，叫做《我的巴黎》：「上帝如果來到法國，會樂透了，因為祂聽不到祈禱的滋擾，也沒有神學理論的種種紛爭要由祂來作主。上帝會發現祂置身在一個不信神的國度，可以在黃昏偷懶一會，就像巴黎人在露天咖啡座喝咖啡一樣悠閒。」雖以英語為主，美國人畢竟覺得英國人城府太深，美國人喜歡法國人的坦率。他們覺得愛爾蘭是一個拘謹的母親，英國是富於持家之道的賢妻，但要尋求一點生命的野趣，不可以指望這兩個老女人的慰藉，法國才是夜夜風流的情婦。

知法蘭西者莫若美利堅，然而法國人的狂妄，卻把美國漸漸當做敵人。因為強勢的英語？但誰叫北美洲是愛爾蘭和蘇格蘭人後裔的天下？而且戰後英法撤出殖民地，英國人比法國人懂得留一手精妙的佈局：今日世界上有英聯邦，從加拿大到肯雅，從紐西蘭到尼日利亞，英國人用計高深，一網包攬；法國撤出印度和非洲，甚麼也沒有剩下，撤退得乾乾淨淨，就像法國人的一夜情，高潮過後，第二天清晨形同陌路。今日的世界語是英文，法國人

只能怪自己的衝動和激情。英國人不懂享受，有時很悶蛋，但他們比法國人的腦筋精密。

法國總統希拉克擺出一副酸醋的模樣，不如整理一下本國的北非移民吧。連日本人來一次巴黎，回去也要接受心理輔導。日本人不明白：為甚麼唯美的法國人會淪落到這個樣子？巴黎滿街是搶匪，老鼠橫行，售貨員粗野。日本人去其東亞的鄰國旅行，不會有如此痛惜，因為連那裏的大閘蟹也注射了激素和春藥，這一切是常態，但是，Come on，這是巴黎，才教人捶胸頓足。法國人病了，病在心理，壞在精神，不要讓這個國家downgrade成第三世界，法蘭西，你這個壞女人，讓美國人來挽救你的墮落吧。

另類三國

侯賽因伏法，許多人給暴君喊冤，說其實布殊才是戰犯，美軍入侵伊拉克，至今為止，在戰爭中喪生的平民已經有六十萬。

發動戰爭，令大量平民死亡，不一定就是「戰犯」。美國前總統尼克遜，一九七二年決定增兵越南，轟炸柬埔寨，美軍在越戰中陣亡五萬，在尼克遜任內，越南平民喪生的超過二百萬人。尼克遜是「戰犯」嗎？當然不是。其人任內訪問中國，推動中美接觸有功，今日還是「中國人民的老朋友」。

太平天國內戰，中國平民死亡兩千萬，佔當時的人口近十分一。第二次世界大戰，蘇聯人口死亡兩千萬，也佔總人口十分一，但這都不是死亡人口比例最高的。

歷史上死人最多的戰爭，是一八六四年南美洲烏拉圭攻打巴西的一場「三國戰爭」。戰

爭的緣起，是鄰近的巴拉圭發生內戰，巴西派兵支持內戰的一方，烏拉圭與巴西不和，恐怕巴西會在巴拉圭扶植傀儡政權，於是也出兵干預。阿根廷支持巴西，隨後也向巴拉圭出兵。三國軍隊，在巴拉圭混戰，戰爭打了六年，巴拉圭的人口由八十萬，銳減到二十二萬，其中男子只有三萬，全國人口減少了四分之三。

一九〇四年的日俄戰爭，在中國的滿洲打，不過是日俄兩國「列強」。遠在地球的另一邊。人家巴拉圭的一場三國混戰，都同時受烏拉圭、巴西、阿根廷三國軍隊蹂躪，永遠不要以為自己是最苦的受害人，家仇國恨，不要以自我中心來讀歷史，要客觀、中立，還要一點點抽離，在這個地球村，總有人比閣下更慘。

歷史教育，永遠是不足的。日本人以日本為中心讀世界史，中國人也以中國為中心讀一八四二年以來的現代史，無論哪一國的歷史教育，都以本國為中心，也就是對於自己「做莊」，才有興趣，像東南亞，泰國和緬甸的戰爭，越南和泰國的戰爭，對於中國，這是一張

賭桌上各名「閒家」之間的對賭混戰，沒有人有興趣。

中國人讀現代的世界史，把「侵略」的一方定為奸角，把被侵略的一方定為忠良。像西班牙打菲律賓、荷蘭打台灣和印尼、美國打越南，中國的世界史觀，以「列強」為奸惡的一方，把世界定為黑白的二分。但是，「列強」自相殘殺，或第三世界內訌呢？黑白之間還有豐富的色彩，左右之間有第三條路。十九世紀的巴拉圭比中國更慘，世界上有許多受害人，一場賭局不要誰做莊，看閒家相鬥，有時更熱鬧。

大刺殺

俄國前特工在倫敦被下毒：他與一名接頭人先約會在市中心辟克特利廣場，對方説擁有俄國女記者被殺的政治內幕，兩人前往附近一家日本餐廳，吃了不知甚麼，回家嘔吐大作，性命堪憂。

這件案並不難破，以特工之機警，當會知道約會的餐廳，必須由自己選，而且臨時才決定。辟克特利廣場附近有許多食肆，過一條馬路就是蘇豪，另一端是唐人街，隨便挑一家靜一點的地方，如果食物中毒，下毒者必是來人無疑。吃日本菜，是很笨的選擇，日本魚生擺放過久，不必殺手「加料」，自己也會中細菌毒。跟這位特工會晤的，是一個有名有姓的意大利學者，當是最大的嫌疑犯，把這個人抓起來一盤問就知道了。但倫敦的警方破這種案子效率很低，因為警方與軍情五處各成山頭，特工暗殺案是軍情事務，警方不想插手。一九七

八年滑鐵盧橋頭的那一宗也沒有破：死者是保加利亞裔的一名廣播員，被人用雨傘往小腿戳了一下。毒藥是非洲森林提煉的不知名品種，連英國的熱帶病學家也驗不出來。

政治暗殺在西方電影裏可以是很淒美的場面，希治閣是處理這等題材的能手。有一齣舊作叫《海外特派員》，有一場雨中的政治暗殺：下雨天，一個政客從阿姆斯特丹的市政大廳走出來，刺客向他開槍，四周的行人圍攏過來察看他的屍體，鏡頭從上面俯瞰，圓形的雨傘像一幅花卉的圖案。

還有《擒兇記》：一對美國夫婦帶小孩去北非摩洛哥的馬拉卡什旅行，在市集看見一個打扮成阿拉伯人的白人被刺，一家人後來又在餐廳遇上一對夫婦，得知一宗幾天後即將執行的驚天陰謀，在惶恐之間，小孩被綁架了，然後是那首聞名的主題曲。

馬拉卡什成為今日歐洲優皮熱愛的旅行市鎮，愛上市中心那個炊煙四起的夜市。當年《擒兇記》裏的那家接頭的餐廳仍在，彭定康去過，對該地讚不絕口。當然，肥彭推介過的地

方，閣下不一定要跟隨，但馬拉卡什是一個迷人的勝景：多瓶罐子的市集，烤羊肉的煙燻、擊鼓和笛子音樂，以及在人海深處傳來的刺客的一響槍聲。

行刺是要一點點戲劇背景的襯托的。香港的刺殺，在中環陸羽茶室的一槍，充滿黑社會feel，雖然也有突兀的張力，場面的檔次太低，上不了經典的大桌子。希治閣玩政治暗殺，有時確實到了鬼斧神工的美學意境，例如同一齣《擒兇記》，在倫敦的皇家阿爾拔會堂的一場交響樂，在包廂的帷幕後伸出的一管槍，在鑼鼓交擊時的殺人一響，又未免計算太過了。

倫敦的這宗刺殺，少了一點懸疑，有大背景，少了些細節，只值一個B級，說下去未免涼薄了些，但願受害人早日康復。

恐俄病

特工毒殺案，英國許多傳媒一口咬定普京是殺人主謀。普通法講無罪推定，尚未有充足的證據，未經法院審判，普京在全世界的人眼中做了殺人兇手，難怪氣得七竅生煙，拍桌子大罵英國政府「靠害」。

因為以英國為首，整個歐洲心理上都有「恐俄症」。恐俄症有一個特別的名詞，名叫Russophobia。俄國在歐洲的東鄰，離蒙古比較近，歐洲人一向在潛意識之中，把俄國人當做遠東的蠻子。俄國很想歐洲認同自己，俄國的凱塞琳女皇，很崇拜法國，把路易十四的宮廷禮節服飾全部抄過來，叫俄國的貴族模仿，但沒有用，在骨子裏，英國人、法國人和德國人，把俄國佬當做蒙古那一邊的蠻族。

對於俄國，這是很難堪的。就像住在灣仔大佛口的一位叫做漢叔的中年新移民，中了多

寶彩金。漢叔到半山的寶珊道買了一座陽台豪宅，馬上學抽雪茄、飲紅酒、打高爾夫。但寶珊道一幢大廈的世家、法官、醫生，跟他同乘一部電梯，大家都不經意把身子往後挪兩吋。有一天，大廈後的天井忽然發現了一隻開腸破肚的死狗，業主立案法團還沒有報警，會議一致決定，案子就是漢叔他做的，把大廈的房產價馬上搞cheap了一成。如果你是這位新住客，有何感想？

普京大舉紀念聖彼德堡建城三百周年，就是想向歐洲靠攏。但歐洲對俄國，還是嫌她身上一陣魚腥氣。也不是沒有緣故：二十世紀的俄國領袖，列寧是一個小眼睛的猥瑣老頭，史太林是亞洲的格魯吉亞種。這兩個貌似亞裔的魔頭，在歐洲的大門口展開一場大屠殺。

奧匈帝國解體，因為一八四九年匈牙利人造反，匈牙利人是韃靼的後裔，不喜歡金髮的斯拉夫族。俄國當時支持匈牙利，奧匈帝國在俄國人的挑撥之下垮了。希特拉出兵攻打蘇聯，正是標榜優越的阿利安人對俄國蠻子的聖戰，以毒攻毒，正合邱吉爾的心意，眼看着納

粹跟蘇共廝殺，這場仗，死的人很多，但在人類歷史上，德蘇大戰是少有的一場叫人很心涼的戰爭。

二十世紀初，俄國男人喜歡蓄大鬍子，髒死了，叫人聯想到裏面有跳蚤。列寧槍斃了沙皇全家，更令保皇的英國人震驚。普京無論怎樣把自己化裝為脱亞入歐的新生，在歐洲這個假面舞會上，大家其實不太歡迎這位稀客。這就叫做Russophobia。妖魔化？是你自己吐痰喧嘩地天生有三分妖魔的氣質，人家才會「化」為十分吧。誰會把弘一大師妖魔化呢？

高手過招

特工被毒殺，普京大罵英國抹黑。

英國人對俄國有一股難解的情結。俄國的文學雖欠一個莎士比亞，但小說家有托爾斯泰和杜斯妥耶夫斯基，這兩位大師，比十八九世紀兩百年的閨秀派，從珍奧絲婷到白朗蒂姐妹，絕對的大氣魄。

有俄國文學在，英國文學顯得有點小家。因為西伯利亞的荒原，畢竟比一個多霧雨的孤島粗獷而豪放。讀俄國小說，有如欣賞張大千潑墨的長江萬里圖卷，透不過氣來，英國的小說，只像明清的士大夫工筆畫，篇幅宏大，筆觸精細，終究差了點過癮。

就像喝酒一樣。俄國的伏特加，是要一杯飲盡的，讓冰過的酒精的餤泉，一路燒洌到喉底和胃端。喝英國的威士忌卻不一樣，要一點一點呷嚐。喝伏特加像讀史詩，喝威士忌像吟

小令，國家地理不一，飲品的層次不同，文學也不一樣。英國人拍了一部《齊瓦哥醫生》，也不是不明白其中的道理：在芬蘭找到雪景，讓主角在雪地的冰宮裏寫詩。騎兵從森林中殺出來，吊臂上的鏡頭搖捕着俄羅斯油畫風格的場景。導演大衞連是英帝國的代言人，眼界和氣派一樣大，這才鎮得住像一匹巨獸般的俄國人文精神。

英國人看不起法國人，曾經擊敗德國人，在骨子裏卻非常忌憚俄國人。只有托爾斯泰敢貶斥莎士比亞，說莎劇不入流，此一批評，其實屬於家仇國恨的層面，對於俄國此一勁敵，着實不可不防。

英國的間諜小說，都把蘇俄寫得格外陰森：秋日公園中接頭的暗號，倫敦莫斯科大使館門口的街燈、KGB特工的黑大衣和影子，英國人的內心世界很沉鬱，他們認為，只有自己才最了解俄國人罪惡的靈魂。

因此邱吉爾在一九四六年，第二次世界大戰結束了，還在美國發表演說，指出從波羅的

海到多瑙河畔，歐洲垂下了一道鐵幕。在邱吉爾的眼中，希特拉已是手下敗將，不足為患，史太林才是另一個崛起的妖魔。對於俄國人，邱吉爾相信自己有一份準確的觸覺，遠在美國人之上，歷史證明了這一點。

但英蘇冷戰最緊張的時候，英國人也喜歡看蘇聯的芭蕾舞。逃出來的雷里耶夫，在英國找到他的知音拍檔瑪歌芳婷。在占士邦片集裏，蘇聯是一個背景裏的幻影，時時由一個民間的野心家挑撥世界大戰，占士邦與蘇聯，以惺惺相惜的眼光相互對視。

因此前KGB特工被殺，英國向普京暗踹一腳，貝理雅維持外交的禮儀：政府沒有說是普京幹的，但政府向報界發放的特工遺書，不加刪節，卻指證普京是兇手，這是新聞和言論自由。英國和蘇俄的外交風波，每一次都是絕頂高手過招，其中竅妙，學得到的，自己領悟到，不枉此生，學不到，看看熱鬧也好。

老闆放假了

英國破獲恐怖襲擊大陰謀，首相貝理雅正在加勒比海放假，由內政大臣雷德尊統領軍情五處、蘇格蘭場、民航局一起行動。

「老闆放大假」，而這時出現了大危機，在中國人社會，往往會演變成大危機中的辦公室政治危機。

中國的皇帝老闆，無論雲遊四方，還是浪跡五湖，大權抓緊不放，尤其生死關頭。中國歷史這類小故事太多，像北宋的靖難之變，明代的土木堡事件，當家的忽然不在其位，君臣父子的秩序大亂，中國皇帝以一個「疑」字統治，哪一個擅自crisis management，都會有一幫太監奴才，事後打小報告，等皇帝回來再平一次亂。

英國的內政大臣，這一次統領應變小組，立了大功。全國選民都看到，首相正在拉丁美

洲的碧海綠波中暢泳。內政大臣、軍情五處、警方、民航局，自動協調，不論前線指揮還是後勤籌劃，首相全不過問。「老闆放大假」，一點也沒有問題，這就是特區政府八年來口中最愛嘮叨的兩個字，叫做「機制」。

換了一個遠東的社會，機場癱瘓，上自大陸旅行團的掃貨大爺，下至屯門星馬泰豪華團的師奶，集體鼓譟，輿論大罵「機場一片混亂冇王管」，要內政大臣下台謝罪。這時「老闆」度假完畢，施施然回來了，評估民情，決定棄卒保帥，把內政大臣換掉。

貝理雅在加勒比海，負責跟布殊通電話，本國應急行動，讓內政大臣全權辦理，然後首相發表聲明：「內政大臣的行動，得到首相全力支持。」在一個沒得「篤背脊」、沒有太監、奴婢、外戚作亂的國家，少了許多嚕嚕嚤嚤的小人政治，辦事自然爽脆許多。

貝理雅在加勒比海，有沒有懷疑：「內政大臣這小子平時開會，最愛打瞌睡，現在出了點事，為甚麼忽然這樣來勁？怪不得智囊一早通報：他跟軍情局和蘇格蘭場的頭目平時聚在

一起唱K鋤大D，這一次如此着力，用心又豈止是反恐之簡單？」在旁邊給他搖扇的一名師爺，眼見主人面有疑色，早就猜到九分，乾咳一聲，說：「恐怖分子事小，主公呀，俗話說：日防夜防，家賊難防啊……」

中國人的許多「冤獄」，就是這樣構成的，從小聽得許多篡位的故事，崇禎皇帝與袁崇煥，雍正與年羹堯，這一切，在加勒比海游完泳，披一條毛巾，上岸在品嚐椰子汁的貝理雅，天可憐見，都應該沒有聽過。

半邊天

布殊增兵伊拉克，死傷多少不重要，為了一口氣，一定要勝。此時此刻卻令人想起福克蘭戰爭。

在福克蘭戰爭中，有一個英兵，名叫羅倫斯。有一天黎明，英軍攻打一個山頭，羅倫斯戴着夜視鏡，射殺了十四名阿根廷士兵。子彈快用完了，他衝進戰壕，用刺刀捅死一個。這時他頭部中了一彈，腦門轟開，子彈從後腦擊入，在右眼上的髮線處射出，羅倫斯倒在雪地山坡上六小時，看着後來衝上的同僚，用手把雪地上的腦漿替他裝回打裂了的腦殼裏。

一條命救活了，但他的腦袋裏的腦子只剩六成，其他的打飛了。在戰地醫院裏他是最後動手術的一個，因為英軍認為他必死無疑。英女皇寄來賀卡，他生還的奇蹟令他成為民族英雄。

今天他癱瘓了一大半，說話不清，但還記得倒下前如何用刺刀戳死最後一名阿根廷士

兵——在戰爭裏，射殺一名敵軍，跟刺刀肉搏戰殺人不同。肉搏戰的距離很近，敵我雙方建立了一種密切的生理關係，一刀子戳進去，對方倒下，卻不會馬上死，他不想死，會本能地用雙手緊握刺進身體裏的刀刃，這時，要把刺刀猛抽出來，趁他痛得大叫時，往他的口腔喉嚨裏深深再刺一刀。

BBC以羅倫斯為主題，拍過一齣紀錄片，質問英國政府為何要發動福克蘭戰爭。羅倫斯現身訪問，指證了戰爭的殘暴。國防部大怒，向法庭申請禁播，羅倫斯的同袍寫信責罵他，說他不「愛國」。

然而，今天看來，福島之戰是一場甚麼戰爭？是阿根廷向英國發動過恐襲？還是福克蘭島窩藏了阿蓋達組織？

四分一世紀過去了，世界原來早已適應了新一代的戰爭理由。福島之戰，像第一次世界大戰，戰因非常「傳統」，只為了爭奪領土。福島沒有恐怖分子，沒有侯賽因，只有千多個

英國居民，和一大群企鵝。福島之戰，是一場「前九一一」戰爭，在記憶中，像一百年那麼長。英國說南太平洋近南極的一個小島是自己的領土，就像說大溪地的一岸海灘，屬於中國的四川省一樣。阿根廷沒有「侵略」福克蘭，從此，每一屆世界盃，當阿根廷對英格蘭的時候，我都熱切希望阿根廷勝，可惜總是事與願違。

今天，羅倫斯還在聯絡着當年的戰友。有的以前責難過他，後來已經和解。他剩下大約六成腦子，比一半多一點，有時他掙扎着，坐輪椅走進廚房，若有所思：人生到底是充實的這一半呢，還是另一半的空白？

那個最後被他用刺刀捅死的阿根廷兵呢？他也許會跳探戈，一定是一個足球迷，戰爭的是非是甚麼？是半杯水，還是半隻空杯？有時候，要在腦子打飛了一半之後才會頓悟，才成為一個懂得慘笑的哲學家。

大歐洲

自金字塔之後，人類最偉大的建築，應該是一個龐大的機構叫做歐盟。

到底是怎樣完成的一項奇蹟，把歐洲十六個國家搭建在一起？從丹麥到馬爾他，從愛爾蘭到葡萄牙，把許多美麗的古鎮收在同一屋簷下，瀕臨地中海，像在一隻玫瑰、百合、芍藥、牡丹的鮮花籃子旁邊擱一瓶紅酒。歐盟是一幅很動人的靜物畫。

為甚麼只有歐洲可以成盟？因為擁有共同的耶教，信奉同一個神祇，沒有教派的仇殺和紛爭。歐盟之中的法國和德國，自從普法戰爭、梵爾賽條約到第二次世界大戰，兵連而不禍結，一起埋藏了心頭的仇怨，誰是老大，誰是老二，都不重要，到滑鐵盧戰場看一看，天闊雲低，場景宏麗，歐洲人到底有點胸襟，知道誰也大不過梵蒂岡，不那麼講面子？

歐盟認同了一個目標，就義無反顧，無論目標多艱巨，一步一步解決。像對內的歐洲農

業政策，對外的歐洲貿易協議，對羊肉的關稅打通巷道，對外來紡織品的侵略修築堡壘，一旦結盟，簽訂了協議，一起義無反顧，決不各懷鬼胎。

歐洲沒有三千年的所謂燦爛文明，許多的遠祖是維京海盜和高盧人的蠻族。歐洲沒有那麼多不着邊際的空話，例如「天下為公」、「以和為貴」之類，歐洲人不在抽象的概念上浪費時間，例如開幾十場學術會議，研究甚麼叫和諧，甚麼叫做「仁」之類，如有空閒，泡一杯咖啡，喝一杯紅酒，在陽台上懶洋洋又消磨了一個伏爾泰的下午，但選賢與能，大同禮運，不必廢話，歐洲早已結果而開花。

有了歐盟，也會有亞洲的「東盟」？不要開玩笑了。且不說日中的世仇，亞洲人充滿深惡的種族歧見：泰國人看不起越南人，越南人，歧視柬埔寨人，新加坡人又看不起馬來人，而香港的華人，又通通歧視菲傭、印傭、泰傭。在歐洲，盧森堡人對意大利人除了嫌他們說話有一點點誇張，只會覺得來自西西里的一位廚師是一個味蕾的藝術家，不會把他當做奴隸。

歐洲做得到的，亞洲不可能做得到，因為亞洲人不論財富均寡，一概的小家子氣，有誰不慎半句失言，像新加坡、馬來、中國這一堆，即刻掀翻桌子，召回大使。據說有太多歷史的包袱，個個都有包袱，那麼就不要結盟好了，果然，東盟是廢話，亞洲有一個不結盟運動才是真的。

二十一世紀將會是歐洲的世紀，飛羅馬度一個長周末，隨着飛機新一代面世和旅行成本降低，不再是夢想，是多麼快意逍遙，一本EU護照，一個神根簽證就擁有一地神話，和一小片星空，這個世界令人樂觀，是因為繼金字塔的奇蹟後，尚有一個吵鬧而不喧嘩大歐洲。

小小寰球的文明大圓通

世界盃開鑼，一場人類的集體狂歡會開始了。因為電視網絡，一個月之間，一個地球縮小成一個足球，六十億人都隨着一隻小球旋轉。

四年一度，都有人「考證」足球最早又是源自中國。連國際足協的網頁也不忘加一筆：早在公元前三百年的戰國時代，足球稱為「蹴鞠」，「蹴」就是腳踢之意，《水滸傳》裏的一方之霸高球也是足球迷。

然而用腳踢球，不等於「發明足球」。現代意義的足球不止是一場腳踢皮球的活動，而是附加了大量「文化增值」：足球的規律，從球場的劃分到精密的罰則，無不體現「法治」二字。球證不是皇帝，沒有人可以凌駕規則，球證是體育法律的執行者。還有教練、球衣、球星。足球成為資本主義市場全球化的體育消費，與三千年前的「蹴鞠」沒有甚麼關係，聲稱

「足球是中國人的發明」，是精神勝利的自我慰藉。沒有法治，就與現代的足球絕緣——足球講究團隊的合作，也容許英雄的個性發揮；足球是公正的競技，也隱含部落的戰爭意識；足球既是全球一體化、天下大同的宏觀節目，卻又擁有民族主義狹小的心理國界。足球是一種哲學：矛盾中有統一，野性與理性共融，只因厚厚地多了一層現代西方法治文化的增值。

中國政治文化無法孕育足球這樣一個神奇而偉大的遊戲。渙散的惰性，內鬥的基因，「寧我負天下人、莫教天下人負我」的絕對私利思想；「人怕出名豬怕肥」、「槍打出頭鳥」的集體平庸主義意識，中國的基本價值觀與現代足球的情操精神完全相反，其無法融入國際主流，原因與打不進世界盃的核心比賽相同。

世界盃與中國無緣，因為英式足球的法治意識，是為「現代性」（Modernity），中國的經濟改革，只流於追求「現代化」（Modernization）。前者是精神，後者是物質，套一個中國流行的濫詞：前者是「軟件」，後者是「硬件」。高薪禮聘南斯拉夫的名家來當教練，與斥

巨資購買德國的懸浮火車、建造三峽大壩一樣，只是外觀的改造，並無內涵之革新。

從戰國時代的「蹴鞠」，到今日德國足球場上的世界盃，足球的現代化，顯現了「文化增值」才是普世的智慧所在。用一個比較頑皮的譬喻：就像男女歡好，即使中國早在《黃帝內經》和《素女經》一類的性文化典籍之中，已經「發明」了「男上女下」的傳統體姿。然而，今日卻泛稱為「傳教士式」（Missionary Position），其「品牌」不幸為西方殖民主義者僭奪。感性的現代人卻又一早為此一性愛的基本法「文化增值」：燭光晚餐和香水的誘惑，綿綿的情話和催情的輕音樂，柔軟的席夢思和半瓶紅酒佳釀，即使阿當夏娃最早發明了繁殖的「性交」，法蘭西民族卻把這門原始的生理活動增值為「做愛」，由性交到做愛，其中附有意大利菜、紅酒等消費商機，今天沒有人有興趣考究阿當夏娃當年是如何最先搞起來的，只知道阿倫狄龍和嘉芙蓮丹露是性感浪漫的情慾偶像。

因為人不是牲畜，不止追求溫飽，還需要想像和創造。想像和創造是人類其異於牲畜的

生命意義的增值，此一增值的巨大差額，就叫做文明。把人頭當球踢不是文明，在球場公平競技才是，在二十一世紀，誰在文化增值的潮流佔先，方可立足於強國之林，其他物質產品的提升和改變，通通都不算。

沒有一個自由的環境，即無文化之增值；沒有一個理性的社會，即無世界盃足球的同樂和共識。皮球是圓的，道理十分簡單；但圓通的境界，卻哲理深奧。在世界盃轉播的電視機旁跟隨着吶喊，並不表示已經真正參與了世界，雖然在豪飲和豪賭的盛世幻覺之中，有一樣的亢奮和狂歡。

世界盃成大同宗教

世界盃四年一度，全球瘋狂，悲欣交集，快意恩仇，足球，而不是英語才是全球共同語言，世界盃是人類共同創造和合演的一場最偉大的戲劇，僅次於上帝在六日之間創造的世界。

世界盃為甚麼好看？因為不止是一場場二十二人的戰爭。除了看劇情，還有人物性格，有時是劇情的時勢造悲劇的英雄，例如當初高傲而冷酷、後來學到了謙卑親和的碧咸；有時是一時的奸雄創造了時勢，例如朗拿度向球證打小報告逼走了朗尼。前者觸動了人對自然的挑戰與畏服，是西方人共鳴甚深的神學主題，後者有如秦檜構陷岳飛，令東方的君臣國度的子民同聲一哭。

世界盃的衝突不止在場內，而是場外無窮無盡的天地：全世界都寧願總決賽是德國對法國，看看歐洲這一對瑜亮稱雄的民族如何把普法戰爭之後的歷史心結在球場了斷；又寧支持

堂堂法蘭西隊的棟樑施丹，只因為法國去年發生種族暴亂，而施丹是前法國殖民地的阿爾及利亞裔人。我們又或許暗自希望英格蘭最終能在總決賽中對壘德國，因為在觀眾席上，邱吉爾和希特拉的幽靈都必趕來觀戰；又或者阿根廷對英格蘭，讓福克蘭戰爭四百多個阿根廷士兵的亡魂顯靈，庇佑他們的祖國一雪國恥。這不是幸災樂禍，而是因為一場戲，如果衝突不夠強烈，就不是好戲，世界盃這場戲，潛藏一個永恆的爭論：是人能掌控命運，還是冥冥中有神明在擲骰子？德國的勇毅、巴西的流麗、阿根廷的慓悍、英格蘭的穩準，這些才華閃爍奮鬥不懈的良師勁旅，為何一一成為戰壕之間的炮灰？西班牙明明比法國好，為甚麼會讓法國踏在自己的身軀上走了過去？在世界盃之中，我們咀嚼着道德倫理的百般是非，沉思着正邪善惡的千古興亡，看世界盃，如同賞覽一卷把六千年濃縮為一個月的精簡本世界史，如同俯看一個社會的幻海，裏面有每一個人的理智與感情，世界盃是人類共同展開的一場快樂的戰爭。

因此本屆的爭霸戰，是意大利對法國，即使再精彩，也未免有點掃興；而德國竟與葡萄牙爭季軍，也充滿痛苦和委屈。意大利和法國都是感性的民族，不如德國和英格蘭之理性，法國和意大利對壘，即使意大利剛硬一些，在感覺上也有點像女性的同性戀（lesbian）；而萬一英格蘭能對德國，像一九六六年的那場世紀之戰，即使相比之下英格蘭陰柔兩分，也有點像男人的同性戀（Gay）。這是一個性別錯亂的時代，如果連《斷背山》也可以奪得奧斯卡，國際的文化潮流是變了，如果相信有主宰，那麼今年的決賽也是上蒼給人類開的一個小小的玩笑。

但是法國對意大利還是令人期待的，法國在今年的世界盃，前面像侏儒，後面像巨人，是所謂underdog，對多哥一役，令人相信是法國本屆的告別之作。施丹與教練杜明尼治不和，時有頂撞，早期也傳聞他不太願意傳球給亨利，增加了一分傳奇。意大利醜聞纏身，但教練納比卻台型十足，有如威嚴的父親，中場加度素成為意大利的偶像，是一頭雄獅和狼犬

的混合體，意大利的餐廳已經把一種披薩以他的名字命名。法國和意大利之戰雖然缺乏縱深的民族情結，其實是加度素和施丹兩大英雄的對決，就像荷馬的一場十年特洛伊戰爭，其實只是希臘和特洛伊兩大名將阿基里斯和海克特的個人之戰一樣。

世界盃之令人迷醉，是因為足球既是一種理性制度，也是感性的迸發，就像法治規範着慾望，我們會因為馬勒當拿的一個手球入網而歡呼，因為我們都有情慾突破法理的一絲陰暗的衝動。看世界盃看大格局，更好看的卻是細節，有如欣賞一個情人，從他的性格和野心，到他舉手投足的魅力和一股誘人的體味。世界盃本身就是矛盾，折射着人世間種種荒唐的名相，人海中變幻的波濤，足球是操控在每一個球員的腳下，但憑他絕對的意志傳交給哪一個人，而決定了戰果，還是在塵埃落定之後，我們才恍然大悟，其實那致命的一腳是鬼使神差地神靈附身催生的決定？那一腳，我們自己踢了出去，眼看着皮球衝向雲海，誰才是真正的

主宰呢？天地太大了，命運太神秘了，從何處來，往何處去，當地球成宇宙裏一隻藍浮的水球，世界盃其實是人類共享的宗教，一切歡呼勝利的光榮，皆是水月鏡花，幻證着普世的悲哀。

二〇一二年

二〇一二年，倫敦將舉辦奧運會，由於花費巨大，倫敦人最怕市政府把保護古蹟和建築的資金挪過來，花在「建十來個運動場」的假大空上面。

因為有北京這一類亞洲小農社會主辦城市「珠玉在前」，發瘋似的把甚麼老城區和舊胡同大片大片拆掉，英國的報刊如實報道，反而讓倫敦市民警醒：決不可以讓倫敦市政府步此後塵。這一點，我認為北京對倫敦大有貢獻。

但是，倫敦人是過慮了。倫敦如果真的這般見識，倫敦還是第一流的國際都市嗎？當然不是了。政府成立了一個「奧運基金」，以倫敦的六合彩為主要的資源——看，人家倫敦從來沒有發生過甚麼「姓資」、「姓社」的老套爭論，買六合彩，是合法的全民娛樂，一鎊一張彩票，頭獎不是小家氣的五百萬港幣，而是隨時高達一千萬鎊——因此，不必靠徵收甚

麼銷售稅之類向民間吸血抽髓。

資金的來源一早就解決了。英國的奧運委員會指出：兩千多年之前古希臘的傳統，奧林匹斯山的運動盛會並不只是一群擲鐵餅、扔標鎗、長跑的運動家的聚會，還有音樂家、詩人、雕塑家到場。在運動比賽中場休息的時候，音樂家會在場中彈豎琴、詩人誦讀即興的作品，一直到天人盡歡、星光閉幕。一直到一九四八年，奧運會頒獎牌，除了給體育家，還有音樂和詩歌的文藝家，以示奧運的古典宗旨：體育、心靈、精神的結合。

因此二〇一二年倫敦奧運會，還邀請了古蹟和名勝的參與。在奧運舉行的時候，許多的博物勝地一起調動支持，像皇家阿爾拔音樂廳、英格蘭西部的石林（Stonehenge），有一些比賽如風帆，在南岸的侏羅紀崖岸外舉行，倫敦人希望，二〇一二年，招待全球觀眾的時候，除了讓觀眾在場內看到比賽，還在場外的天空下，追尋典雅的文化精神。

這套綜合的籌備，叫做「奧林匹克運動」（Olympic Movement）。「運動」這個名詞，

在另一個落後的社會，代表鬥爭、仇恨、整肅，但幸好英文的詞彙尚未受到污染——真是一個真善美的 movement。

體育、音樂、文學、歷史、考古，就像希臘神話裏九位淒美的繆思女神，手牽手的都到場了，二〇一二年，是倫敦的奧運，而不是特區的甚麼普選，令人翹首以待。把「二〇一二」寫進記事本，儲錢去倫敦旅行，這是生命之夢，真正的走向世界。

君主立憲花開兩朵

二OO六年東西方有兩件大事，薄海歡騰，官民振奮，就是英女王八十大壽，以及泰國王蒲眉蓬登基六十周年。

英國BBC電視記者訪問首相貝理雅，問他上任後第一次覲見英女王，英女王說了甚麼。貝理雅肅然說：「她告訴我，她接見的第一位首相是邱吉爾。」

由邱吉爾始，至貝理雅而未終，英女王伊莉莎白二世登基五十三年，見證了英帝國的衰落，有如目睹一隻雄獅在時間的魔杖之下變成一隻貓。半世紀以來，伊莉莎白以不變睹萬變：帝國的殿堂傾圮，邱吉爾這一級的風雲人物不再；王室的宗廟無顏，戴安娜王妃雖芳豔蓋世，惟通姦的醜聞不斷。大西洋彼岸的美國，杜魯門的才略，甘迺迪的倜儻，尼克遜的詭詐，列根的風采，英女王也一一見識過了。然而在八十大壽這一天，她緊抿着嘴唇，臉上的

笑容拘謹依舊，英女王的一頭銀髮從來沒有一根亂絲。她一句話也沒有說。確實，只可意會，不落言詮，女王八十歲了，她一句話也不必說。

英女王是一個很平凡的女人。身為君主立憲的圖騰，她沒有野心，也沒有甚麼嗜好，也不必有才幹。二百年來，英國的王室貴族和政府庸民，對法國大革命的餘悸一直未消。只因為一水之隔的法國君主專權獨攬，雖然沒有干犯過焚書坑儒的暴政，只出過一個驕奢干政、傳聞叫貧民「沒有麵包吃，為何不食蛋糕」的浪蕩皇后，法國的王室就在革命的暴火中崩潰無跡。

英女王八十大壽，英國隆重慶祝，向全世界展示了寡慾清心、清靜無為的典範。她有時淪為電視趣劇嘲諷的對象，但編劇家和平民對老太太往往在刻薄中也留一分人情，「女王並不覺得好笑」（The Queen is not amused），國人對女王在重重醜聞中還是諒解的。

泰國的蒲眉蓬，是今日在位最長的國王了。他出生於美國麻省，在瑞士讀大學，不但精

通多國歐洲語文，還能奏八種樂器，尤其愛好爵士樂。蒲眉蓬雖然自小接受西方教育，卻又篤信佛教，曾剃度出家，泰王比英女王小兩歲，但性格色彩豐富，求知上進，寬和正義。泰國戰後雖政變不迭，除了一九七四年曼谷大學右翼學生的騷亂，絕少釀成暴動。一九九二年，泰國民運振興，軍人總理素金達鐵腕鎮壓，蒲眉蓬把總理和民主派領袖都召到皇宮，嚴詞申斥，在電視上，兩人向泰王下跪，羞愧莫名。

英國的君主立憲是一種優越的政治制度，二百年來披澤四海，在亞洲，動大如龍騰虎躍的日本和泰國，靜小如山光雪影的尼泊爾和不丹，都採行君主立憲制。各國或因本身的傳統和民情，君主立憲都有不同的變奏：日本天皇一度成神，泰國國王至今為聖，尼泊爾忽然橫生弒君奪位的滅門慘禍，從不丹走出了大吉嶺，是一位男明星一樣的俊俏王子，英女王壽高八旬，泰王登基一甲子，都沒有像中國的康熙乾隆，誇耀有甚麼三世恩典、十全武功，但浮雲蔽日，過盡千帆，政權更迭，將相凋零，君主立憲的東西方兩大王室，半世紀清風徐來，

水波不興，光風霽月，人仰黃昏，他們沒有標榜「君，至尊也；父，至尊也；夫，至尊也。君雖不仁，臣不可以不忠；父雖不慈，子不可以不孝」，從來不需要三千年寫在故紙上的文化經典來浸潤焚書坑儒的血光，不賣弄高深，不崇尚虛偽，不藉「大一統」的「理想」壓制思想自由，不託聖賢之名行暴虐殘民之政。君主立憲，不必浪費時間和口水再空喊「穩定、和諧」，爭論甚麼「時間表，路線圖」，英國是高科技創意之邦，但英女王出巡，還乘着馬車，曼谷的汽車交通擠塞，但佛塔聳天，蓮影生香，傳統和現代，兩皆兼得，發明君主立憲的國家是有福的，奉行君主立憲之路的民族，從歷史的陰影中走向光明。

歷史學家托克維爾論述法國大革命，結論說：「世界上所有社會之中，長期以來最難擺脫專制政權的社會，恰就是那些貴族制度不存在或不能存在下去的社會。」對權力迷戀至絕，只會孕育無窮的貪婪、腐敗、殘酷，無論以任何偽現代的「共和」之名來包裝。對於人

類文明優良建樹的讚頌和欣賞，當超越國界，僅願東西方這兩大寬慈的立憲君主，續為這個混濁的世代垂懿立範，添壽添福。

二十世紀最傑出的領袖

英國的歷史學者選出二十世紀最出色的首相，第一名是戴卓爾夫人，領導盟國戰勝納粹的邱吉爾只名列第四。戴卓爾夫人的健康惡化，自從丈夫逝世，據説晚景有點淒涼。歷史學者公布了如此蓋棺論定的結論，戴卓爾夫人可能來日無多了，然而保守黨的繼任人金馬倫，近日卻在忙着跟戴卓爾夫人保持一點距離。金馬倫訪問南非，會見黑人總統曼德拉，表現得像一個小影迷，然後公開抨擊戴卓爾夫人當年拒絕經濟制裁南非的白人政府是錯誤的。戴卓爾夫人本人當然不會反駁，當「戴卓爾夫人」這個名字漸漸融入歷史，但「戴卓爾的遺產」（Thatcherite Legacy）卻變成選民的毒藥，因此成為保守黨新一代的包袱，戴卓爾夫人比誰都明白當年邱吉爾在領導英國戰勝了納粹之後又被趕下台時的名言：「對領袖殘酷，是一個偉大民族的特徵。」

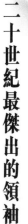

戴卓爾夫人當政十一年，我都住在英國。剛去的時候，英國的老工黨政府還沉醉在五十年代艾德禮的社會主義的餘醺之中，被工會和馬克思主義者左右着政局。煤礦、郵政、鐵路的工會紛紛罷工，垃圾遍地，市面燈火幽暗，人心萎頓不振，氣氛有點像共黨時代的匈牙利。戴卓爾夫人一九七五年當了保守黨領袖，對工會和社會福利主義抨擊不留餘地。在變本的前夕，人人都感到，英國的強勢政府的氣數即將結束，一個強人的新時代快要來臨，人人都知道戴卓爾夫人上台之後，必有陣痛，但都感到國家這樣下去只有死路一條，就像詩人龔自珍處身的十九世紀中國的道光年代，但英國人等來的不止是同光中典，而是狂飆落葉，沉沙洗劍的一場靜默的革命。

英國選民把戴卓爾夫人送進了唐寧街，戴卓爾夫人一分鐘也不浪費，大刀闊斧，厲行改革，清剿工會，廢削福利，推行國營企業的私有化，外交鞏固反蘇反共的鷹派國防戰略。英國人一面罵，卻一面接受戴卓爾夫人一帖又一帖的猛藥：孩子的奶粉津貼減少了，上大學的

學費增加了，私有化導致無數裁員，失業數字突破三百萬。家庭主婦、工人、文員不斷在咒罵她，每一次大選，工黨的反對派都提出復辟社會福利主義的誘餌，企圖重奪江山。但英國選民的脾氣很怪，在大選的前夕，他們手中拿着選票，往往又清醒了，知道既然選擇了改革，就是一條不歸路，再痛楚也要走下去。戴卓爾夫人不但成為任期最長的首相，而且創下選舉從未落敗的紀錄。戴卓爾夫人激勵了中小企業的復興，為英國經濟重新換血，對付煤礦罷工和愛爾蘭共和軍拒不妥協，然而強政勵治，最終易走極端，戴卓爾夫人的成功，在於清晰的視野和頑強的意志，但一九九〇年，英國得到了新生，蘇聯帝國已經崩潰，列根也功成身退，歐盟開始重整而崛起。

天下三分，世界漸進入高科技資訊時代，戴卓爾夫人卻想着維多利亞時代的舊時風光，不但拒絕歐洲一體化的時勢，還想徵收人頭稅，把「戴卓爾主義」的市場經濟學水至清則無魚地推行到危害選民切身利益的極端。內閣則馬屁精和「擦鞋仔」充斥，新生力量上位受

挫。戴卓爾夫人漸不容於保守黨，保守黨想再多攬一屆執政的權力，認定戴夫人是一個負累，他們寧願另換上一個平庸的馬卓安來取悅選民，也不要戴卓爾夫人把市場經濟的實施推行到底，在一場黨內的政變中，戴卓爾夫人飲恨下台。

馬卓安展示了短暫的平庸，輪到工黨脱胎換骨，想不到前左派貝理雅竊取了戴卓爾夫人的衣鉢上了台。工黨和保守黨都在啃吃戴卓爾夫人留下的祖業，卻又現實地跟這位姑奶奶劃清界線。貝理雅繼承了戴卓爾夫人前人種樹的成果，坐享了戴夫人改革的繁榮，卻又悄悄矯枉，把國民共創的財富多分一點出來，撥入公共醫療的資源。英國人的負擔重了，但貝理雅年代，人人的心情都輕鬆暢快，戴卓爾夫人卻在老人癡呆的幽谷中向晚獨對一個孤寂的黃昏。

不錯，在一個民主的社會，對領袖有時太殘酷，但這種冷酷無情卻是對抗獨裁、保障自由和幸福的抗體。戴卓爾夫人完全明白她身處這個國家這一套在道德上不太公平，但在理性上完全公正的遊戲規則。她今日之長壽，上天對她既是恩寵，讓她親眼見到自己手撒的種子

蔚然成蔭，對她卻又是折磨，因為同時讓她眼看着貝理雅翻版了她的價值觀，得到了比她更持久而熱烈的掌聲，直到伊拉克的炮火驚醒了英國島民的遐想。

邱吉爾雖然大選落敗，英國人過橋抽板，但一九六五年逝世，邱吉爾的國葬，卻又極盡哀榮。倫敦市民走上街頭，親送老首相一程，聖保羅大教堂的哀鐘不絕，英國人雖然冷酷，但畢竟心中還是有一片花園，悄悄地留給他們戲謔和咒罵過的傑出的領袖，戴卓爾夫人退休沒有自資出版甚麼著作，叫全民一起「學習」，當政時在國會的多篇著名的演說，今年民間錄成CD出版了，一個傑出的領袖肉身終將腐朽，聲音迴盪在歷史的長廊，一座偉大的羅馬建築磐石冷冷，樑柱森森，文明的殿堂，偉人的陵墓，叫做民主。戴卓爾夫人挽着手袋的背影，正在走過這一片廊影，沒入一片荒野，樓台高處，夜宴正酣，浮漾着一眾酷愛自由的國民的笑聲。

一個現代領袖的前世和今生

二零零七年是美國總統的大選年。民主黨的克林頓夫人希拉莉野心日露，共和黨的候選人未卜，但其中一個競爭者是參議員麥堅恩。

麥堅恩雖然是參議員，但履歷令人難忘：他出身軍校，成績平平，畢業後加入海軍，當了海軍一名飛行員。一九六七年他參加越戰，戰機被越共擊落，麥堅恩折斷一隻手臂和一條大腿，做了越共的戰俘。

越共並不特別遵守日內瓦公約，麥堅恩被關進河內的集中營，屢遭越共虐打並單獨囚禁了兩年。在獨囚期間，麥堅恩不見天日，在竹製的牆壁，用手指敲打摩斯密碼與隔鄰被囚的戰友通訊。

麥堅恩出身海軍世家，他的父親也是海軍將領。麥堅恩在押期間，其父擢升為太平洋部

隊總司令。在柙的美軍戰俘，由越共與美國談判，互相交換釋放。交戰雙方慣例，釋囚以俘獲日期的先後次序決定，先捉先放。越共知道麥堅恩的父親身居高位，為了向美國軍方示好，交換戰俘時，故意讓麥堅恩打尖先釋放。

當麥堅恩得知比他囚禁得更久的戰友仍在扣留，他拒絕了越共的釋放令，堅持要排隊。越共誘放他三次，其他的難友也叫他「執生」，早點恢復自由，回美國養傷，但麥堅恩堅持原則，不肯接受特權，告訴越共：先釋放別的人吧，我願意按照正常程序等候。

這是麥堅恩一生最重大的決定，因為他是軍人，軍人要保持品格的高潔，服從紀律，置個人生死利益於度外。麥堅恩三拒釋放，直到美越展開和談，麥堅恩才重獲自由，但已經當了五年戰俘。同屬共和黨，布殊政府轄下的美軍傳出虐待伊拉克戰俘的醜聞，麥堅恩抨擊政府不遺餘力，以自己的遭遇為例：「為甚麼一定要遵守日內瓦協議？因為當美軍的男女兵一旦被俘，我們要確保他們得到有尊嚴的對待。」

麥堅恩是戰火提煉出來的人物，在生死邊緣掙扎過，這樣的人物，有很高的人格感召力，才配稱為「領袖」。一個領袖，不能時刻都做一個「世界仔」，專挑好果子摘，趨吉避凶，擅走門道好處由自己撈盡，責任由別人背負。越共要釋放麥堅恩，他偏偏拒絕，寧願讓別人先行，他當時大概沒想過有一天可能競選總統，這樣的抉擇是一場「騷」，成為將來從政的本錢。這樣的代價太大了，他惹火了越共，越共後來故意把他排到最後釋放的一人。

「領袖」（Leader）是一個西方的名詞，中文的概念，只有「家長」、「君主」、「宗主」，這些人雖然也是所謂「領導人」，但取得權力的過程，不是暴力和陰謀，就是糊裏糊塗地「執死雞」上位，如一九七六年九月之後的華國鋒之類。中國的儒家思想對領袖本來有一套高尚的道德要求，要求一個領導者做到「內聖外王」的境界，但堯舜禪讓的傳說畢竟一半是神話，一半是傳說，距離中國人的記憶太遠，中國有君主帝皇學，以三國的謀略為經，以康熙雍正的權術為緯，中國獨無現代意義的「領袖學」，以遵守遊戲規則為形，以公義的君子人

格為念。香港的工商行政人員，近年沉迷所謂領袖學的研究，不了解中西文化本質的差異，也就無從明白為甚麼中國式的「行政管理」，憑藉家長制的威權，成為豢養小人和讒臣的溫牀，而永遠難以確立「企業」(Corporate)的真正領袖本色。中國式政治從政治決策，到權力的繼承接班，不是問題叢生，就是危機重重，就是這個道理。

許多人想問：香港為甚麼出不了第一流的「政治人才」?除了中國宮廷文化的血緣基因，香港以炒股為本，以地產為基，是一個「走精面、爭發達」的城市，有太多的「市場專家」和「理財顧問」，不論小圈子霸位、大市場逐利，此等生態，甚麼「人才」都有，獨無統領江山的政治人物。做一個出色的領袖，當然不一定都要當過軍人、做過戰俘，也應該以利益為重，身段靈活，但人格的感召力，必要時還是要具備的。美國很多選民不喜歡麥堅恩，覺得他「保守」，但希拉莉油滑浮誇，相比之下，麥堅恩多了幾分政治家的質感，而領袖的質感，對於一個亂世，是信心和勝利的一層保障。麥堅恩是不是一個「out」了的人物，

不能肯定，但他的越戰故事，肯定是美國公民的一層集體回憶。

美國立國只有二百年，從來沒有出過孔子、孟子之類的聖人，美國人的道德典範，不過是華盛頓、傑佛遜等幾位「開國之父」（Our Founding Fathers）。美國的文化，以物質消費為主軸，也沒有中國十名博士生最近倡導的甚麼「文化主體性」，美國人一不讀論語，二不讀武俠小說，不識仁義禮智信一類的高深道理，但從越戰的叢林中到九一一的客機上，像麥堅恩這一類志士在所不少。這種質感，是美國稱霸全球的一大本錢。

美國的民主政治，也沒有「潑婦罵街」這種現象。荷李活過氣女明星珍芳達七十年代思想極左，不但反對越戰，反而同情支持北越。後來，有記者問麥堅恩對珍芳達當年的這種姿態有何觀感，身為軍人，有沒有覺得受到侮辱或後悔曾經從軍，麥堅恩淡然一笑，答：「人的一生，難免會為一些行為決定而懊悔的，我這輩子也有一些，對一些人，對一些事，我也不無怨憤，但對於珍芳達這種人，我如果還保持怨憤的話，那是對生命光陰的浪費。」

好事的記者把這番話轉告給老來當了CNN電視台東主富豪夫人的珍芳達，珍芳達聽了，沒有答話，她的眼眶含着淚水。

甚麼是領袖，甚麼叫「領袖學」（Leadership），千頭萬結，有時候，到大學去修讀甚麼行政課程，是多餘的。下屆美國總統是誰？美國選民自有抉擇，我希望麥堅恩得勝。

另類亡靈

第二次世界大戰期間，英軍準備攻打意大利的一個德國據點，並與美軍約定，一旦雙方苦戰難支，美國派出轟炸機支援。結果陸戰進攻，意想不到地順利，英軍全殲德軍而進駐據點，但美國轟炸機尚未了解戰情，準備出動轟炸。

一場災難的「友好轟擊」（Friendly Fire）難以避免，英軍必須通知美軍緊急取消轟炸計劃。英軍派了一隻信鴿，飛到二十哩外的美國空軍基地，鴿子如期抵達，遞交取消轟炸的通知，比預定的轟炸時間早了只有五分鐘。

一隻鴿子救了成千上百的軍隊性命，第一次世界大戰期間，英國用了十萬隻信鴿速遞情報。二十年後的第二次世界大戰，通訊技術大有進步，信鴿的僱用數量反增加了一倍，多達二十萬隻。為甚麼？因為鴿子是唯一能不受德軍監截電波的通訊兵，而牠們在天上飛翔，比

起雷達和電波，不但看得見，而且體態優美。

戰爭是殘酷的事業，犧牲不止人命，還有無數動物生靈。在第二次世界大戰中，雖已有裝甲車和坦克，希特拉進攻蘇聯，動用了七十萬匹馬。蘇聯固守東線，共動用了兩千一百萬匹馬，在戰火中，紅軍共一千四百萬匹戰馬陣亡。

在緬甸戰區，對抗日軍，英軍還動用了大象。狼狗更不可缺，盟軍僱用了幾萬隻，奔走在西線陸軍戰場，牠們多半隸屬工兵，在炮火中傳遞情報，在戰壕裏照料傷兵。一九四三年，鑑於軍犬在戰爭中的表現，國防部為軍犬特設英勇勳章，有許多還是在軍犬殉職之後追封，官兵為狗默哀，視為同袍戰友。

二ＯＯ六年夏天，倫敦帝國戰爭博物館專門為第二次世界大戰中服務的動物舉行紀念展覽。在幾百幅黑白攝影圖片中，動物是戰爭的主人，軍人才是配角，戰地記者以敏感而人道的心靈，不忘為在戰火中為勝利奔走的動物攝下英勇的一刻：一隻軍犬咬着一封密件，跳過

戰壕；一個工兵，滿面焦黑，向一隻通訊犬的頸圈扣上情報的紙卷。這些狗的表情肅穆而哀戚，牠們彷彿也意識到，亂世浮生，生命的價值輕如鴻毛，但一封情報的成敗卻重若泰山。人和動物之間的友情，在戰火中淬煉成金，第二次世界大戰結束已經一甲子，戰爭博物館的展覽，提醒世人，不要忘記動物為人類的公義付出的巨大犧牲。

對於戰爭中的動物，應不應該隆重紀念？也不是沒有爭議。有人認為，狼狗無所謂英勇，這是牠們的天性；牠們闖蕩戰場，也不一定意識到危險，只是出於訓練的條件反射。至於抗擊納粹，軍犬和戰馬更不可能嫉惡如仇，認定希特拉是殘害文明的人類公敵，把動物高度人格化，只是感性的一廂情願。

然而，退一萬步，即使有點一廂的幻想，又為甚麼不可以濫觴一點情感呢？以動物為主角，展示了戰爭現實的另一角度，動物的忠貞純樸，更顯侵略者的殘暴不仁。動物對戰爭的犧牲和貢獻，值得承認褒揚，因為在一片簡樸的忠義，永遠對照人性不可測的陰暗。

中國雲南牟定縣，因為發現幾宗瘋狗症，當地政府下令屠殺全縣五萬隻狗，包括家犬。公安親自揮棒，在街頭一看見狗就往死裏打。即使不把狗視為朋友，至少一頭家犬是人民的財產，中國的「法律」不是也保障財產的合法擁有權嗎？瘋狗症是幾分管理的謬誤、幾分「自然災害」？

中國社會對狗不太講感情，只有厭恨，「鷹犬」、「走狗」、「豬狗不如」、「打狗看主人面」，狗像其他動物一樣，最好只限於工具，而一般被視同幫兇。中國人社會本身盛產奴才，卻把自己扭曲的道德標準加諸狗身上。一九四九年之後，中國取締了中文用於動物的代名詞「牠」，一律以無生命的「它」而代之。此一「簡體字」，不止是為了文盲的農民人口省去寫字的幾筆，而是對生命價值的全盤否定。一隻狗、一口豬、一匹馬，與一根木頭、一張廢紙沒有分別。

香港近年的虐畜案愈來愈多：把狗餓死，把狗從高空擲到街上，都引起許多狗主和愛護

動物組織的公憤。香港畢竟有幸，大多數人認同的價值、對生命的尊重，涵蓋貓狗生靈。消防員救一隻掉在水溝裏的牛，救一隻困在簷篷上的小貓，往往是令人尊敬的新聞。更重要的是，香港還沒有推行簡體字，我們稱呼動物，不用「它」這個字，堅持「牠」這個代名詞，比起一河之隔的鄰近地區，香港的動物權益還受到殖民地時代一些法例的保障。對動物付出一點仁愛，承認牠們的生命尊嚴，不但是中產階級的重要道德價值，還應該是香港人在精神上向一個文明的國際社會認同的其中一條底線。

戰爭博物館的這個展覽，一直到二〇〇七年四月。為了一批故去的動物彰顯功德，也是對一切生命的敬拜。昔日相片中軍犬肅穆的表情，令人駐足沉思，動物的性靈，千古永恒，而人性在風雲變幻的時局中，又淪落了幾何？思想家柏斯葛的名言：「我認識的人愈多，我愈喜歡狗」。奇怪的簡體字，荒誕的價值觀，當一隻亂世中的義犬也能留下一幅有尊嚴的遺照，蓋過「盛世」裏虐殺又被遺忘了的千萬犬靈的眼神，所謂文明，有時不過是隔世難忘的一閃燭光裏的心影。

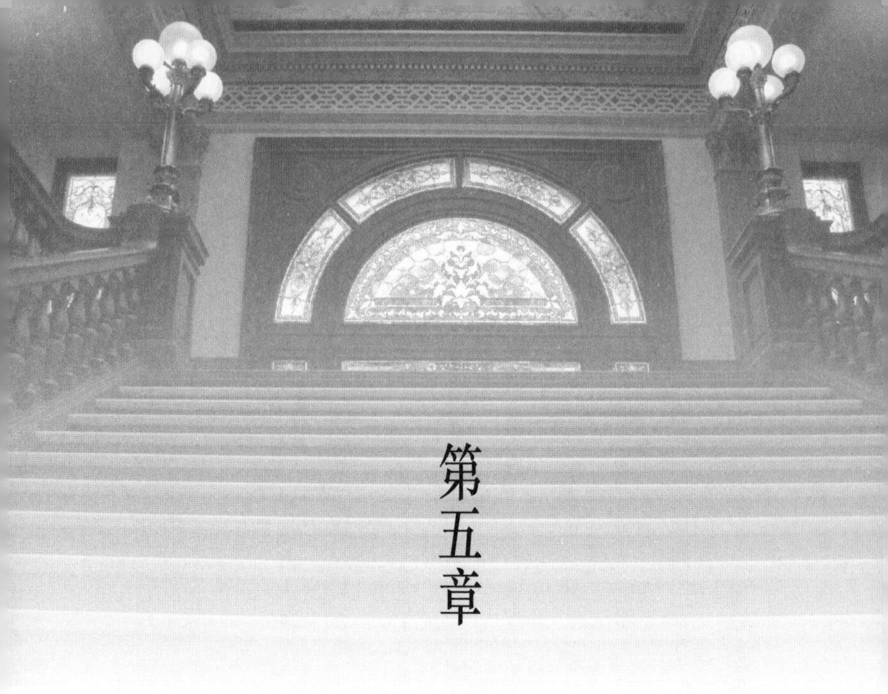

第五章

星光熠爍的一闋蝴蝶夢

德國情

今年奧斯卡最佳外語片大熱門，是德國的《竊聽者》（The Lives of Others），美國影評人聲稱，如果這齣電影講的是英語，本屆奧斯卡最佳影片非此莫屬。

但這是不可能的。因為影片中那個黑白顛倒令人窒息的極權社會，英語世界的人幸運地，從來沒有經歷過。《竊聽者》的背景是柏林圍牆倒下前的東德，東德人在上世紀中葉先後被納粹和共產蹂躪，成為歐洲的孤兒，沒有人喜歡他們，很多人害怕他們，東德人的抑鬱和憤怒，裝在一隻發霉的黑箱子裏，外人很少感到同情。

德國人有很多壞名聲，法國人看不起德國人以肉腸當美食，因為肉腸的製作方法和外形都很惡俗；英國人嘲笑他們語言音節僵硬刺耳，不能表達柔軟的概念，譬如說tuzzy；而對於聽慣抒情小曲的意大利人，華格納的音樂，更形同暴力。德國人長期蒙受了不明不白的偏

見，再加上二十世紀政治動盪，他們也沒時間為自己「平反」。

其實德國是文藝哲學之鄉，早在十五世紀末的封主就訂立了保護書本的版權法，《竊聽者》中被監聽的一對情侶，男人是作家，女子是舞台演員，平時彈貝多芬的鋼琴曲，讀歌德、席勒和布萊希特，故事編成這樣，卻一點也不造作，因為這就是德國的文化基礎，每個德國人都不會陌生。

但是對極權來說，文化是不值錢的，極權只追求民族共性，仇視個性，只有效忠國家的義務，沒有追求自我的權利，尤其是最根本的人性，包括追求快樂和愛情。男主角是秘密警察，在遇上這對情侶之前，他和許多「國家忠僕」一樣，生活單調乏味，不知道也不相信世間還有所謂的真善美，影片中有一句舉重若輕的台詞：「列寧說，貝多芬鋼琴曲聽過三遍，就革不成命了。」其實是對極權社會的最大控訴，一個不需要貝多芬的社會，也不需要人性，秘密警察監聽作家和女演員同居生活的一點一滴，竟為自己的枯燥人生找回了一點人情

的滋潤，德國人拍得出如此深沉含蓄的感情，美國人和英國人羨慕不已，但是，英語世界的公民，永遠也不必經歷這樣的歷史，他們創作不出如此的血淚小品，人性鉅鑄，美國和英國的創作人和觀眾，實在還是很幸福。

毛蟲化蝶錄

電影《血鑽》的國際話題，不是西方「殖民主義者」如何瓜分非洲的資源，也不是槍林彈雨和情深義長，而是男主角李安納度狄卡比奧的蛻變，一張永遠也長不大的娃娃臉，終於浮現了幾分男人的線條。

荷李活的金童子，七八歲就拍電視，屬於那種不需要教戲的天才童星；進入青春期，他狂野的氣質，搖身一變成了新一代占士甸。

占士甸介乎男孩與男人之間，使萬千六十年代的美國少婦和母親瘋狂，幻想着一面把他憂傷的臉抱在臂彎裏安撫，另一面摩娑他的壯臂。但李安納度很蒼白瘦弱，跟美國高校裏一個個壯如小牛，喝可樂吃漢堡包急色鬼的青少年相比，他有一種既天真又世故的氣質，好像一個復活的古人，和這個新世界格格不入，他的纖瘦身形，反而成了他橫掃不同國界的通行

證，尤其是亞洲的女人，口味偏清淡一點，對於美式健美先生型的男人身體，會有高膽固醇的感覺，因此《鐵達尼號》的男主角非此君莫屬，他提供的是讓人欲生還死的悲劇感。

然而，李安納度的難題來了，荷李活有女童星長大可以繼續走紅的先例，像伊莉莎白泰萊，還沒有男童星長大可以變成巨星的，羅拔迪尼路、阿爾柏仙奴、史提夫麥昆這等演員，一開始就是靠男人味立足的，觀眾無法想像「教父」也有天真爛漫的青春期，李安納度在電影《娛樂大亨》中演出失敗，勢在必然，他的一張臉，就算貼上兩撇小鬍子，還是藏不住一股青春的躁動，好像急着長大的男孩子，和姬蒂白蘭芝那般成熟的女人談情，沒有說服力。

但毛蟲終究是要化蝶的。李安納度的父母沒有給他注射藥物，讓他永遠留在青春期。

李安納度不可以吊兒郎當地混一輩子。在《血鑽》中，李安納度裝癲佯狂，有幾分積尼高遜的影子，或許是他與這位魔王在《無間道風雲》的合作，令這位後輩濡染了幾分魔氣。

但李安納度在《血鑽》裏的火候卻剛剛好，一個南非的亡命之徒，沒有教養，父母遭受殘

殺，是天生的種族主義者，卻又在生死關頭良心未泯。最後李安納度掩護黑人同伴父子逃亡，躲在岩石後，用手機向遠在天涯的女記者交代遺言，淌血的手抓起一把非洲的泥土，這等場面，比四十年前《死角》裏的狄龍，更增添了許多分地球一體化的宏觀浪漫感。

荷李活不但有明星，大明星同時也是絕佳的演員，李安納度不像湯告魯斯，他不自戀，不堅持每片皆是情聖，他在泥污裏打滾，反成就了一尊血污中的情聖，這種男人，叫女人愛恨交纏，惱得夜夜緊咬着枕角，當寒夜的窗外，浮現着幾顆幽冷的繁星。

耶穌的父母

聖誕節，上映耶穌出生的故事，名叫《聖誕頌》，對於投資者是很大膽的創舉。

因為耶穌太過聞名，關於耶穌的傳記電影許多，而且都強調釘十字架的章節，三年前梅爾吉遜的《受難曲》，在全球收了六億美元票房，導演發了大財，有人見獵心喜，不再拍耶穌之死，改拍耶穌的誕生，着墨於約瑟和馬利亞的愛情故事。

但跟廣東人吃蒸魚的習慣剛剛相反，廣東的蒸魚，魚頭好吃，魚尾不好吃，耶穌的生死卻倒過來：釘十字架的結局好看，降生在馬槽的故事的開頭，卻很沉悶。

為甚麼？首先是奸角的問題，耶穌釘十字架，是由羅馬總督彼拉多審判的，彼拉多是殖民地的獨裁者，表面是害死耶穌的元兇，但這個奸角的內心世界很複雜，他不想耶穌死，因為猶太祭師的堅持，彼拉多在盆子裏洗手：你們既然要釘死他，我只好這樣判，不關我的

事。彼拉多是一個深沉的人，他有政治謀略，身為奸角，人物性格一複雜就立體了，何況還有一個為了三十個金幣而出賣老師的猶大陪襯。彼拉多、猶大、祭師，人物的臉譜豐富多姿，加上耶穌的最後禱告，意志的動搖，耶穌釘十字架前三天的這一節，充滿戲劇張力。

至於耶穌降生的開頭呢？不錯，有一個奸角，就是要殺盡伯利恆所有的嬰兒的希律王。但希律王性格平面，只是一般的暴君，還有幾分像小丑，這張臉譜太過簡單，吸引不了觀眾。

然後是約瑟和馬利亞這一對。因為聖母肚子裏的餡是上帝種的，怎樣處理約瑟和馬利亞的情慾戲？若把兩人刻劃得不食人間煙火，相敬如賓，就像三十年代保守的老片子。兩人盤牀大戰，乾柴烈火，馬利亞還叫牀呢，卻又褻瀆神明，必引致基督教徒不滿。如此主角人物，沒有一點情趣，《聖經》上是這樣寫的，在票房上並不討好。打約瑟和馬利亞的主意，有點犯險。世上叫人感動的有情人很多：羅密歐與茱麗葉、阿伯拉和哀綠綺思，甚至中國的梁山伯與祝英台，甚麼不好碰，偏要碰這兩位。耶穌的馬槽降生記，是幼稚園學生才感到興

趣的戲，除非三位來朝的博士，讓周吉、高魯泉、矮冬瓜三位香港甘草演員來扮演。

創意不論多大膽，總要看看市場。《射鵰英雄傳》搬上銀幕千百次，從來沒有人想過，把郭嘯天和李平這一對分拆出來，講講他們的愛情故事，論生意眼，還是香港人精明，雖然論神明之景仰可作別論。

我愛巴黎

聖誕新年小資產階級的熱門話題，是有沒有看過《我愛巴黎》這部法國的集體創作小品。如果看過了，最喜歡哪一個片段？

二十個導演，以巴黎二十個地區為名，各說一個巴黎的人情生活小故事。法國人有這樣的文學傳統，十九世紀小說家巴爾扎克，寫過一部《人間喜劇》，以不同的短篇，串演現實的眾生相。《我愛巴黎》隱隱承襲了巴爾扎克的香火，用影像訴說巴黎的人情。

五分鐘的小舞台，怎樣講一個感人的故事？像一盒錦繡巧克力，我覺得最感人的一段是最後的壓卷篇：一個美國女人，從丹佛來巴黎學法文，過着孤獨的生活。她以為巴黎人很浪漫，其實巴黎的都市生活高傲而冷傲。她一個人住，一個人進餐，一個人在城市觀光，她說：有時候，身邊有一個伴侶多好，不過是在鐵塔上俯看壯麗的風景時，可以對身邊這個人

說：「多漂亮，對嗎？」但是她無悔來到巴黎，因為她感到與巴黎的風景融為一體：「我覺得我愛上巴黎，巴黎也愛上了我。」這是「昨夜西風凋碧樹，獨上高樓，望盡天涯路」的中國人文意境。一個中年美國女人，用帶美語口音的淺易法文獨白她的心事，這個片段，把全世界的寂寞有情人的心都融化了，不矯飾浮誇，這是最容易拍的一個故事，但編導沒有經歷過人生的長夜痛哭，也拍不出來，因此這個五分鐘的片段也最難拍。

亞軍的選擇，應該是默劇演員的故事。一個小孩接受採訪，記者問他：你的父母是怎樣認識的？他答：他們認識在監獄。一個小小的懸念，由此展開，編導訴說了一個快樂而不凡的傳說，令觀眾心頭充滿歡欣。

還有朱麗葉貝諾芝演憶亡子的母親，還有一個負心丈夫，約了他的妻子在最初約會的餐廳見面，準備向她提出離婚，還沒開口，太太告訴他，自己患了末期癌症。《我愛巴黎》的

小小敗筆在最後，把劇中人物在人海中串起來，太過像《真的戀愛了》的機場一幕了。然而瑕不掩瑜，好的電影，雖然在邊緣的小戲院，但天天客滿，因為這是一份心靈的新年禮物。

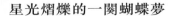

人海情懷

《我愛巴黎》講二十個巴黎人的小故事，四十年前，香港的粵語片也有過一部，由九個故事穿梭而成，名叫《人海萬花筒》。

「萬花筒」式的城市故事集，在文學和電影裏都很豐富。《人海萬花筒》不是最早的一齣雜錦式中國電影，三十年代的舊上海，有過一部黑白片，名叫《壓歲錢》，講一個用來當利是的銅幣，歲晚如何在不同階級的人當中轉來轉去：豪門的喧鬧、小文員之家的煩惱、勞工的憂愁，由一個銅板的壓歲錢串起來。片中有一個女童星，名叫胡蓉蓉，她穿起新衣表演跳舞，舊上海的風情，只留在一片褪色的光影裏頭。

更早一些，愛爾蘭小說家喬哀斯寫過一本短篇小說集《都柏林人》，講世紀末都柏林的小人物故事。頭一篇由一個小孩的觀點，從一個老女人的葬禮開始，模糊地探索生死的意

義。然後是相約私奔的小情人、在酒館中潦倒的醉漢、獨居的王老五，繁華的市集和寂靜的街燈，交織成一團人海的花簇。

《都柏林人》壓卷的短篇，名叫《殤逝》，講一個富有的家庭，除夕之夜開宴會，主人家請了許多朋友來。其中一對夫婦，在歡樂的高潮中看着窗外的雪景，聽着天文台的天氣預報，遍地的雪花，覆蓋在大地，此情此景，令人樂極生悲，頓悟了譬若朝露的道理，再美好的辰光也終必凋零，生死的荒涼，也像一片白茫茫的雪景覆蓋在心頭。

美國導演尊侯士頓，在逝世前的一年，掙扎着把這個短篇搬上銀幕。只有一個場景，一堆賓客，杯觥交錯的交談，無論如何夠不上一齣戲。但尊侯士頓感到時日無多了，他老來才讀通了《都柏林人》這最後一篇作品的真諦。片子拍出來，他就坐在椅子上逝世了。

偉大的文學作品，要在人生的晚景裏才領悟出天地間的意義。一朵盛開的花，一叢擊散在崖石的浪濤，一丸海角天涯的落日，良辰美景，年輕的時候永遠不懂得珍惜，到明白了這

一套密碼的答案，卻又來日無多了，這是人生最大的悲哀。

因此《都柏林人》令人掩卷讀完最後一篇之後，才了解作者為甚麼把童年目睹的一場喪禮放在前頭。創作的匠心，每在這等細節裏，正如《我愛巴黎》，把一個美國中年女人學法語的獨白放在終卷，古今的匠心和天工，都是一樣的，人海中有情懷，只是情懷這兩個字，經電台DJ一渲染，早已濫用，像一朵星散的浪花，擊在崖石上，退下去，消失了。

好戲在後頭

《穿Prada的惡魔》從頭到底，都是老來的瑪麗史翠普帶領風騷。

歐美電影時時用年華老去的女明星當主角，像《穿Prada》裏的史翠普。戲中任何一個角色都可以作他人選，除了史翠普飾演、影射《Vogue》的女總編輯的這個當然的主角。歐美的觀眾很成熟，他們買票進場，不是為了看一個傳聞又被誰誰包起的青春偶像，他們不介意白髮和皺紋，因為一個明星，不重一張臉孔，關鍵在performance。

不然荷李活也不會有比蒂戴維絲、美亞花露，以及今日的瑪麗史翠普。在《穿Prada》裏，最扣人心弦的是她不施脂粉、坐在豪宅的客廳中等女下屬送來雜誌樣品的一場：在冷傲之中帶着一絲哀傷，她透露丈夫跟她離婚的消息。一個女強人有了事業，但沒有了家庭，是表面風光內裏淒涼的結局。這場戲史翠普卸了妝，讓觀眾把她的真面目看個夠——這是片中

女強人最脆弱、也是最真情流露的時刻，鏡頭拉開，她一雙還塗着趾甲油的赤足踏在茶几下的地毯上。只是一場戲，對白簡潔，道盡事業女性內心的荒涼。

但是瑪麗史翠普膽敢接這齣戲，她不介意以真面目示人。銀幕上的史翠普，已經不是非洲之旅的森林草原之間的那個甜心，也不再是碧海天涯的法國中尉的女人。老尚風流，她證明不是男人的特權，只要這縷歲月凝金的風流有涵養的佐證。

《穿Prada》把一個奢麗無匹的虛榮都市拍得如此懾人，除了紐約和巴黎的珠光寶氣，就是史翠普這一身略帶喜劇誇張的帝后風情。畢竟是美國人，扮演這個角色，比起英國的茱迪丹治，她略欠英國Westend洗煉的氣韻，但是她比格蘭告蘿絲少了兩分邪氣的誇張。由史翠普來演一個壞女老闆，也許不太convincing，因為世界都習慣了她瀲灩淺笑的晴光，然而正因為二十年影戲生涯的慈顏的烘托，史翠普老來演這樣一個反派——其實她的壞，裏頭別有空虛——就像往緋紅色的無花果上灑的一層薄薄的白糖粉，悅目得更加可口。

演戲是performing，不是曝光，年輕時膚淺而荒唐，要老來才懂得在風裏回顧，鏡花水月仰對滿地江湖。外國的辛康納利和李察基爾，女明星今日輪到史翠普，都是夕陽無限好地通通好戲在後頭。也許中國的周璇、阮玲玉、上官雲珠，本來都有這等遲暮的才華，但中國不給她們老去的機會，她們把中年之後的滄桑預支在青春期，星沉影寂，綺年早凋，她們卸落脂粉的容顏從此埋沒在黑暗裏，濫情的人，以為美人名將，白頭不許，是他們的造化，其實是更大的不幸。

La Tristesse

《穿Prada的惡魔》一片，女主角瑪麗史翠普是當然的人選，她扮演囂霸而不快樂的雜誌女主編，對女助理有一股虐待狂。

但如果不是史翠普呢？次選還有一個，就是格蘭告蘿絲(Glenn Close)。告蘿絲也可以演活這個辦公室的女魔頭，但卻沒有史翠普好，因為比起史翠普，告蘿絲的氣質少了一絲淡淡的成分，叫做悲傷。

用中文來形容，是略為躁淺了，不是悲傷，是sadness，或許連英文的sadness，也太沉重了，其實是法文的Tristesse。因為這個人物外強中虛，她事業成功，手握全球時裝潮流浮沉的大權，但卻被老公拋棄。一個女人再有事業，如果沒有婚姻或情感，始終像一隻五彩的氣球，升到九天雲霧之外，還是要爆破的，只是那小小的爆破聲，在人間仰視的人看不見，

也聽不到。

史翠普的臉孔有那麼一絲淡淡的Tristesse，這是她半生作品燻焙的一罏味道別致的酒精：《蘇菲的抉擇》、《非洲之旅》、《此時此刻》，她演慣了抑鬱的中產女子，那一股細說從頭欲道還休的Tristesse，溶進她的血液，化入她的眼色，即使展靨一笑也像一盆愁意籠芳的秋菊，開在一個重九的黃昏，而且只是她一個登高，最終身邊沒有一個陪伴的人。

這一個品牌的傷感，除了史翠普，只有法國的嘉芙蓮丹露。然而史翠普的傷情很紐約，上承比蒂戴維絲一揮腕吐出的一縷深長的青煙，而嘉芙蓮丹露的Tristesse始終比較巴黎，沾染着一點點華貴的楓丹白露。

換了格蘭告蘿絲，怕演不出其中的深婉。一個出色的女演員到了中年，變成了一爐香，金爐也燻了一重煙黑，爐灰積得很深。不要問她如何熬成此等境界，除了觀摩參悟劇本的人物，也有許多喜怒哀樂的事發生在她身上：婚姻、兒女、片約、跟製片家的種種謠傳，站在

日落大道上，她披歷了無數的豔陽和夕曛，一直到了天涼好箇秋的這等年齡。銀幕以外的故事，比銀幕上的許多劇本角色更叫人喟嘆。

所以許多女明星老去的傳記：像柯德莉夏萍和慧雲李，都像一冊簡約的《紅樓夢》外一章，貫穿其中的就是那麼清秀而精膩的一個法文字，叫做Tristesse。關於瑪莉蓮夢露的書沒有這個主題，她活得不夠長，她的見識不夠深。瑪麗史翠普也到了傳記的年紀，一切只欠最後的收場：在遙遠的地平線上，她的背影要消逝得漂亮，這退場的finale卻由不得自己來選劇本。

La Tristesse——怪不得連憂傷也是陰性的，法文中只有這個字是那麼女人，像一個小陽台的公寓，一隻青白的手腕，當她倚着門欄，吐出一口黑貓香煙的長長的悲傷。

死亡筆記

滿城青少年爭說《死亡筆記》，都沉迷主角夜神月如何跟L鬥法。論情節鋪陳之連環高潮，漫畫原作像一列沒有終站的高台過山車，然而鬥得太濫，未免有點叫人疲勞，讓電影版本濃縮一下，就像把一夜狂歡的自助餐，改為頭盤、主菜、甜品、咖啡的定食，反而更顯主題的焦點。

《死亡筆記》的主題，三歲小孩都會講，是「權力令人腐化」。男主角夜神月，爸爸是警務人員，死神送他一本神秘的死亡筆記，在一本空的記事本裏，無論寫下誰的名字，誰就在四十秒裏倒地身亡。夜神月很有正義感，他覺得世上逍遙法外的壞人太多，法律制裁不了，他利用死亡筆記替天行道，把壞人一一鋤奸正法。

夜神月變成了把靈魂賣給魔鬼的浮士德和蔑視上帝尼采的混合體，他擁有了主宰善惡和

生死的知識和權力。有了死亡筆記，他本來一心想填補法律的漏洞，誅除奸惡，但事件神秘，政府都要追查，驚動到美國的聯邦調查局。

死亡筆記最初是用來進攻奸惡的，後來變成保護作者身份安全的自衛武器。漫畫和電影，到了這裏，在浮士德和尼采之外，還加上松本清張、《金田一事件簿》和《三色貓》一類日本推理文獻的「本土特色」。漫畫在這加工的第三部分，着墨太多，但畢竟是漫畫，不是競逐諾貝爾獎的文藝小說，瘋魔一下喜歡吃薯片和爆穀的小朋友，面向市場，是應該的。

日本外相麻生宣布，要推行日本的「漫畫外交」，非常的高瞻遠矚。日本的漫畫變成了國際品牌，注入了哲學的深度和內涵，不再是消費品，而是精品，讓日本漫畫的良幣驅逐鄰近地區只懂打打殺殺的劣幣，符合國際文明潮流，讓小孩多讀宮崎駿，無論如何比看甚麼《中華英雄》、《龍虎門》之類更加有益。

《死亡筆記》是日本和歐洲文化的精英結合：動腦筋的東洋推理遊戲，加上浮士德和尼

采——都是德國哲學的精華——的哲學，讓小孩子明白：有勢不可使盡，有權不可用盡，有福不可享盡的做人道理，一本漫畫的教化，比起其鄰國，由幾十年前歇斯底里的「學雷鋒」到今日叫人打呵欠的「八榮八恥」的口號宣傳，日本的漫畫教育，威力大極了。

因為日本人沒有思想包袱，日本有創作自由，像《死亡筆記》的故事，在日本的鄰國，除了「黨委書記」不准，往南一點，還有無數教育工作者道德團體喧嘩抗議，說是教唆青少年殺人，「不負責任」。但日本人才不那麼老套，他們創作沒有禁區，敢於研究人性的陰暗面，日本漫畫執亞洲人創意之牛耳，當仁不讓。東洋人一有了好東西，香港必定照抄。但這冊《死亡筆記》，怎樣抄呢？講一個像李燦森的不良少年，也把香港地位顯赫的許多「名人」的名字寫進去？恐怕那張名單太長，九十分鐘還沒有制裁完，後面的鬥法還沒開始，早把人看得睡着了。

遇險記

三十年前的《海神號遇險記》，今日重拍，變成了《海神號》，少了一個重要的字眼，叫做「遇險」，也就是adventure。

「遇險」是一個過程，在遇險中爆迸着恩怨情仇的火花。《海神號遇險記》，遇險兩字，提示着這是一個人的故事，變成了空洞的《海神號》，人的情感淡弱了，船變成了主角，也就是說，劇本的內涵不那麼重要了，數碼特技的影像包裝才是賣點。

在歷險之中，搜索求生的出路，也在找尋另一個自己。在森林裏，在怒海中，在岩洞裏，在孤島上，一場歷險把凡人變成英雄，天空地闊，波兇浪譎，在歷險之中，把心中的上帝釋放出來，與祂一起共同上路。

外國的兒童教育，第一課必定是歷險故事：金銀島、魯濱遜漂流記、仙巴歷險記、小飛

俠，然後是維京海盜和七海霸王。歷險是隧道一樣深長的記憶，通向史前的愛琴海上一把珍珠也似的孤島，那古老幻險的神話英雄，帶着一批戰爭的忠勇，他的名字叫做奧德賽。

西方文化的精髓，濃煉成一個字，就是adventure。因為有了歷險，才發現了蛇髮的女妖和獨眼的怪人，然後是滄海和星辰。歷險既是過程，也是目的，決不固守着一片黃土地，日出而作，日入而息，以為這叫做太平盛世。大海愈兇險，心底愈寧靜，世道愈太平，愈要找尋風險。歷險是衝突中的和諧，對抗裏的統一，一個偉大的文明就此誕生，發明了地理學、地質學、天文學、考古學，一切皓首窮經的卷宗，現代科學接通古典文學，都通往荷馬的史詩的第一句：「我乞求繆思女神賜我靈感，述說這個故事，故事的英雄，剛剛攻陷了特洛伊聖城，而後浪遊在六合八荒。他看見許多城堞，學習異國的風情，在七海之中，他蒙受了幾許艱辛，只為了保全生命，以及把他的戰友帶回家園。」

荷馬三千年定下的調子，叫做adventure，有了歷險，才有tale，有了故事，方始發現人

間有情。因此當《海神號》少了歷險，多了特技；少了人物，多了IT，這是對詩神荷馬的叛逆，如果這是世界未來的路向，人類恐怕會沉船。

A for adventure，小孩三歲，在認識了apple之後，教會他這個情訂終身的字。

海盜之夢

尊尼特普飾演加勒比海的海盜，攀着船舷繩索跳上跳下，浪漫瀟灑，令少女觀眾，普世同聲尖呼。

海盜船永遠是西洋童話的浪漫主題，最先是十五世紀葡萄牙人遠航出海，西班牙人和荷蘭人跟隨，然後才輪到英國，直到十九世紀，英國的造船和鋼鐵工業有了突破，海洋才成為英國的版圖。

然而加勒比海一度是西班牙人的天下。自從哥倫布新大陸之旅，古巴、墨西哥、巴拿馬、烏拉圭，今日都是西班牙人的後裔。西班牙的商船出發，橫渡大西洋，因為大西洋的海水貼着西班牙海岸和非洲西岸，流的是順時針方向，因此西班牙的船隊，一早就一帆風順，佔領拉丁美洲，屠殺土人，搶運煙土，把天主教帶過去。

幾十年之後，英國人也想去拉丁美洲。英國瀕臨北海，英國的航海家揚帆，取大西洋北部的海道。怎知大西洋的水流像一個大時鐘，西班牙在三點鐘的位置，西班牙商船順流渡海，航行就順暢了，英國的地理遠在西班牙上方，英國人以為航行捷徑，向北揚帆，經冰島和格陵蘭，到北美洲再南下，在時鐘的一點鐘位置向西北出發，怎知道正遇上逆流，永遠到不了墨西哥，只能佔領加拿大東部。今天，加拿大人說英語，拉丁美洲用西班牙語，其實是大西洋海流方向決定的。

加拿大沒有煙土、白銀、香料，後來英國人急了，眼見大西洋中部的海路由西班牙人壟斷了，一不做二不休，索性搶劫往來拉丁美洲的西班牙商船，海盜的傳統，就是這樣形成的。英國人在海上搶掠西班牙商船，荷蘭人也加入搶掠，後來伊莉莎白一世的海軍擊敗西班牙的無敵艦隊，英國建立海權，把西班牙人逐出了海洋。

血腥的劫掠，流傳許多驚心動魄的故事，故事書的出版人和荷李活電影投資者，把海盜

美化再包裝，海盜變成了情聖，髑髏旗變成了童夢的一飄裝飾，鐵鈎船長和金銀島，西洋的海盜故事，昇華成奇趣橫生的娛樂作品。而當海盜變身為尊尼特普，海盜生活也變成了一種 Life-style。

海盜這個古老的行業也流傳至今。今天中東的阿丁港，一直到也門這一段，還是西班牙時代至今的海盜地帶，打劫商船的許多海盜，是祖宗十八代都幹這一門營生。荷李活銀幕上的海盜，一身海風的腥鹹撲面而來，不像廣東的張保仔，沒有一副面孔，也不像明朝的鄭和，沒有一副陰囊，沒有只把「創意」兩字長掛在口邊，西洋的海盜，有頭、有臉、有英雄形象、有睪丸酮，只憑這一點點想像力的「增值」，閣下的孩子，就要你乖乖的掏腰包買票進戲院，家長還要倒貼他一大包美國爆穀。

新的《凶兆》

好戲重拍，很少比舊的好，就像許多女人心中的初戀，然而新拍的《凶兆》比起三十年前的那一部卻是例外。很少恐怖片在驚慄之外，還有一重意境。外國的恐怖片，一旦涉及撒旦和耶穌的鬥爭，因為涉及神學，就可以經營意境。新的《凶兆》拍出一層邪惡之美；撒旦藉一個魔童降臨世間，他的頭上有666的凶碼，他出生之後會把父母殺死，父親最後要把兒子殺掉。

上接舊約阿伯拉罕的試探，下承一個亂世的恐懼。《凶兆》的故事人人都知道情節和結局，怎樣超越前作？編導的板眼功夫硬是不可以少一分。

只有在畫面的氣氛處着手，在極度的邪惡之中，別有一股頹唐的末世之美。暴雨中的教堂，黃昏裏的風雪，在簡約的鏡頭下，倫敦變成了地獄的一道關卡，羅馬是撒旦的一座遊樂

場，連耶路撒冷這座聖城，都陰森得像一座魔宮。恐懼的至極是絕望，當幾座希望之城都在末世的陰影中淪陷，觀眾才感受到邪惡勢力陰冷侵肘，上帝的無所不在，原來只是神話。

片中最有意境的一幕，是男主角與攝影師在意大利的雪夜找一個隱居的神父，兩人在一條雪川上划着一隻孤舟。河上籠着一層霧氣，蒸氳之中閃耀着雪光，雪光裏又隱藏着兩分暮色，活脱脱就是神話裏的那條冥河，一個叫做查隆（Charon）的舟子，把人載到彼岸的恍有而無有之鄉。如此畫面，是美得太淒絕了，超越了電影的故事，令人深懾於生死兩茫茫的一片孤獨和荒涼。

一般恐怖片缺少的是神學的意境：山神廟裏的棺材，蛛網的樑柱，棺裏的殭屍，只是低層次的嚇人，即使近年的日本片也難免落此窠臼，一味只空鏡頭對牢空空的走廊和電梯，以為經營封閉的城市空間就是恐怖，畢竟小眉小目，缺少的是氣派。

細挑毛病還是有的。美國的編導永遠不了解倫敦。不但倫敦的美國大使館不在泰晤士河

邊，片中的魔鬼保姆，由美亞花露來演，雖然色迷神奪，但開口一講話永遠是紐約客的腔調。英國觀眾一看就會笑，但全球化的票房，荷李活店大欺客，連活地阿倫也干犯這點點無害的無知，留下一絲堪可細味的瑕疵？英美之間隔着一個大西洋，這道鴻溝，有時比陰陽一割的那條冥河更跨不過。

湯哥眼中的中國

湯告魯斯的《職業特工隊》第三集，在上海和浙江水鎮取景，美國人寵幸上海，據説上海人樂壞了，開放街道讓湯哥飛車，還拱手讓出浦東兩幢大廈，讓湯哥扮蜘蛛俠來回彈跳，把港產片的香港同胞們，羨慕得吞口水，一邊傻了眼。

當然，還是要先審批劇本，以免「辱華」。在上海取景，貪圖上海的新型大廈最有未來的科幻感，湯哥只不過把中國當做電影故事其中一幕佈景，何況到了今日的境界，湯哥已經是荷李活的天神，祂不需要以貶辱一個亞洲大國的方式來抬高自己，所以《職業特工隊》第三集裏的中國，沒有甚麼刻意醜化，除了湯告魯斯來到中國，可以胡亂飛車，撞死路上的保安和交警而居然不受制裁，令人覺得上海有點像美國的租界之外，感覺上還相當的平實。

最好笑的，是片中的湯哥，剛來到上海，站在弄堂的天台，前景的天台上有兩根竹竿，

掛晾着幾件衣衫和胸圍。一九七二年，意大利導演安東尼奧尼到中國拍了一齣紀錄片，片中有一個鏡頭，拍南京的長江大橋，安東尼奧尼也用幾根竹竿晾着些內衣為近景，以竹竿子為框架，對南京長江大橋作出視點創意相當新奇的遠眺。這個鏡頭惹毛了中國政府，大罵安東尼奧尼傷害了中國人民的感情。沒想到三十多年後，湯告魯斯在新作中，也用如此含蓄的手法，向安東尼奧尼這位前輩致敬。湯告魯斯不但身手敏捷，也很有電影知識的內涵修養。還有一幕，湯告魯斯追拿大賊，闖進了一座古陋的民居，屋裏有四個中國老人，本來在打麻將，看見闖進一個洋人，徐徐抬起頭，轉過身呆呆地凝視着湯哥，他們的臉孔木無表情，跟十九世紀清末中國的黑白明信片裏，磨米補鞋的一眾蟻民的樣子，完全沒有分別。在美國上映，讓十五六歲的美國青少年乍眼看，還以為是屍變，湯告魯斯雖然表達了中國的那種不朽(timelessness)的感覺，無意中經營了一點驚嚇感，憑此一鏡頭，就足以讓本片掛上二級B的電檢證書，即應由父母家長陪同指導觀賞。

至於踩在水鎮兩旁明清舊民居的黑簷瓦上施展輕功，像一隻兔子踏在一列烏龜背上蹦躍彈跳，以學院的角度，是西方對東方文化的衝擊和挑戰，表現了以湯告魯斯為代表的美國文化的青春活力，亦屬神來之筆。

這些場面，劇本裏當然沒有寫進去，拍的時候臨場加插，增進了中美人民的了解，橫嶺側峰，湯哥眼中的中國很獨特，單看這幾場，大有收穫，七十元票價，一點也不貴。

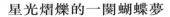

自戀的畫像

《職業特工隊》第三集，湯告魯斯繼續自虐玩命，觀眾在娛樂中找到虐待的快感。銀幕上的湯哥，一直在演着自己，幾年以來，從《未來報告》、《強戰世界》到《最後武士》，湯告魯斯的表情都充滿爆炸性的焦慮，他在一次次地告訴全世界：他要挑戰高峰。

因為他的家族多人死於癌症，因為死亡濃濃的基因侵襲，他想在動作之中挑戰死亡，然後由觀眾的掌聲中宣布他是勝利者。

看湯告魯斯的電影，就知道湯哥隨着年齡的增長，他一年比一年不快樂，也一部戲比一部戲焦慮。沒有戲上演的時候，他要顯示如何關愛妻兒，拖着收養的兒女跑來跑去。湯告魯斯要服從美國婦權主義者給他劃定的舞台：一個成功的男人，必須對妻子一條心，愛護子女，以家庭為尊。湯告魯斯在拍戲的時候，活在水銀燈光的小囚室裏，不拍戲的時候，又活

在美國婦權價值觀的大監獄之中，有時編導給他一個自嘲的角色，像《大開眼戒》裏想偷情的那個丈夫，讓觀眾開心一下。湯告魯斯成為一個美國式虛榮的標本，湯告魯斯式的自戀，是美國文化霸權的成功，卻造就了湯哥的心理悲劇。

因此在《職業特工隊》第三集裏，除了飛車和跳天橋、把整個上海化為他腳下的一座跳躍的遊樂場，還有一個鏡頭，是湯哥在水鄉的長廊上狂奔追兇，一面拚了老命地跑，一面在用華語大叫「走開、走開」，這個鏡頭長得很累很累，令觀眾在心裏不忍：得了得了，我們知道你是大英雄，停下來吧。

在第二集裏，湯告魯斯表演攀石，把自己掛在懸崖邊像一具人肉十字架，已經叫人嚇了一跳。他在戲中一幕幕的驚魂狂呼，一場場的搏鬥矯躍，已經令人超越了欽敬，而暗自為湯哥的躁狂擔心，就像目送一個撐竿跳高手，他一下子蹬到天空，竟然一直向上飛，向上飛，飛越了大氣層，撲向外太空，地下的一群一面驚呼，一面仰望：他怎麼回事了？他一直飛向

星宿和太陽，從此不再回來。

誰想追求完美，特別是愛情，不妨讓她看一看湯告魯斯。美麗極致原來是入魔，就像那片茫茫的星海，以為擁抱了永恆？其實、是一場煉獄的火災，而你竟以為，這樣的火燄，可以燒煉成最清純的愛。

擦邊球

活地阿倫的Match Point（我討厭這部電影的反智華文譯名——「迷失決勝分」，這個「分」字，是動詞還是名詞？一切引起歧義的名字，都是壞名），是值得看第二次的。

不但對白精妙，如大珠小珠落玉盤，活地阿倫用一個謀殺故事，探討一個很嚴肅的哲學命題：這個世界豈有善惡？不論為善還是作惡，最重要的是擁有運氣，就像網球場上擦網的一球。

一個愛爾蘭網球手在倫敦的豪門中當了網球教練，搭上了豪門千金，從此青雲直上。沒想到因為一段婚外情鬧出了亂子，外面那個女人大吵大鬧，此事一旦曝光，男主角辛苦向上爬的一番心血，頓時化為烏有。於是怒從心上起，惡向膽邊生，決定下毒手。

做了案之後，警探一直緊盯着他。如何解套？有點像《怒海沉屍》的新版本，男主角除

了心計，還需要運氣，就像揮拍擦邊的一球。活地阿倫想說的是：如果幸運之神偶爾站在邪惡的一邊，這個世界，公義的秩序，道德的力量，畢竟是脆弱的，在關鍵的一刻通通會崩潰。

就像蘇聯的十月革命——社會本來沒有爆發革命的誘因，全是一個叫做列寧的孤獨失意的野心家的奇想。沙俄政府緝捕列寧，那一夜列寧剛好牙痛，臉上包了一條繃帶，關卡的警察查看他的證件，沒有把這個逃犯認出來，擺一擺手，讓列寧走過去了。

如果那一夜，警察認出了列寧，把他逮捕而槍決了，沒有了列寧，就沒有了十月革命，自然也沒有後來的史太林，人類的命運，取決於一個擦邊球，那個網球有沒有擦網越過去的偶然。

活地阿倫七十歲，導演到了這樣的年紀，應該是升級為哲學家的時候了。活地阿倫引領觀眾一窺上帝的容顏——如果上帝是全能——而令人瞥見那副臉孔原來不是太過美好。

都說新作不像活地阿倫的「風格」，不像就好了，這叫做超越。反而鏡頭裏的倫敦，生

活對白的層次把握得不夠準確，尤其是兩個警察，缺乏英國人的含蓄，終究像曼哈頓，這一點，因為活地阿倫終究是紐約人，不算大瑕，亦非戰之罪。

電影的諷刺是，悲劇的極致反而變成了喜劇——結局是：這就完了？不錯，這就完了，就像林語堂說的：Between laughter and tears，在哭笑不得的時候，死生的懸念，原來竟繫於一隻幾乎越界的小球。

好戲是甚麼

活地阿倫的《Match Point》，好看處全在結局：殺人兇手，不受制裁，只因為他有好運氣，而且太太添丁，岳父高興，一家人樂融融。

連兇手也呆在那裏：為甚麼會這樣？警察沒有上門來抓他，局中人不明白，但全知的觀眾卻明白：因為一隻贓物戒指，他扔出去的力度，挽救了他。

這樣的結局，出人意表，中國電影不可能拍得出來。中國人相信「天網恢恢」，電影跟文學一樣，一定要「文以載道」，意思就是向愚民灌輸道德教育：壞人最後一定要受到制裁，正氣必須伸張，許多港產警匪片北上大陸，必須改一個結局，非要黑社會的英雄大哥主角，由公安拘捕，才叫做符合「和諧」。

有甚麼程度的觀眾，才配擁有甚麼樣的電影。「畫公仔畫出腸」的表達，是為頭腦比較

簡單的觀眾而設的，中國戲把觀眾看得怒火中燒，跑上台來把劇中的扮奸角的演員往死裏打，這樣的事件從前時有所聞。像《Match Point》這樣的戲，如果真的遷就所謂中國市場，把結局改成「人心大快」的農民婦孺的吐口水打小人版本，壞人被拘捕了，萬惡不赦，被判死刑，還押到刑場，看到一槍斃命為止，活地阿倫或許可以從所謂中國市場裏多賺幾文錢，但導演的金字招牌，也就在民智尚未開化的「市場」埋葬了。

《Match Point》的主題，是古希臘悲劇精神的演繹。從「伊底帕王」的亂倫開始，希臘悲劇探討的是命運兩個字。一個英雄人物，因為偶然的一件事，構成了命運的轉折，從此由盛入衰，走向毀滅，阿里士多德說：「這樣的過程，令觀眾經歷了一場心靈的洗滌，感受到深沉的悲哀。」然而活地阿倫卻循反方向探討：如果一個卑微的小人，也因為偶然的事件，而享受了一場絕佳的運氣，避過了毀滅，反而青雲直上，觀眾有甚麼感覺？是悲哀，還是潛意識中為他慶幸，還是感到恐懼——因為世上許多的邪惡，是因為幸運之神站在魔鬼的一邊，

因此公義永不伸張，真相永不大白，血冤永不「平反」，最後微笑的是魔鬼而不是上帝？

這樣的電影，就叫做「犬儒」（Cynicism）。活地阿倫是犬儒喜劇的能手，但這一次，他為我們炮製了一道難以承受和逃避的挑戰。這世界上，在「中國市場」之外，幸而還有那麼多聰明的觀眾，有一個更龐大的聰明的市場，容得下一位絕頂聰明的導演，講一個智慧的哲理。走出戲院，令人深吸一口氣回味無窮，那感覺真好。

新鐵金剛

事先誰也不看好新占士邦人選丹尼基克——說他醜，名不見經傳，憑甚麼本事演瘋魔全球的萬人迷？

辛康納利雄偉，羅渣摩爾幽默，皮雅士布斯南優雅，連觀眾不太熟悉的鐵摩達頓，至少有點神秘感，丹尼基克有甚麼呢？

哪曉得電影拍出來，嫌三嫌四的指指點點一下子通通收聲。新占士邦完全脫胎換骨，從一個卡通漫畫角色成長為血肉之軀，這個木口木面的英國後現代粗獷型的斬柴佬，相形之下，會竟然令辛康納利像一頭惡梟，羅渣摩亞成了小丑，皮雅士布斯南相比之下更是純粹的花花公子，選角casting，豪賭一手起用丹尼基克，大勝凱旋。

不錯，間諜應該有一張冷峻的臉不是甚麼木獨，俄羅斯總統普京做過間諜，他的臉就是

一個撲克牌的謎。新占士邦雖然膽大妄為，但是面對上司M總不見得會嬉皮笑臉，看看幾個舊占士邦，和上司也眉來眼去，言語充滿挑逗，差一步就上了牀，還像話嗎？從前占士邦有Q的各種小道具，開一輛雅士頓馬丁，像蝙蝠俠出巡，不必付出血汗，殲敵手到拿來，和卡通片沒甚麼分別，在新片裏通通改掉，間諜就該做間諜的事：跟蹤、欺詐、搜集情報，搗破陰謀，還有危機中的焦慮，是玩命的差事——玩女人，不是priority。

邦女郎一直是穿比基尼和緊身皮衣的人肉佈景板，是慰勞男人的獎品，她們不必有頭腦或者靈魂，占士邦不必和她們談情，只須調戲。奇怪的是，新片中是男主角穿着一條緊繃繃的小泳褲，用一身閃耀的肌肉挑逗女主角——世道變了，色慾權力移交了，現在不是男人垂涎女色的年代，而輪到女人和基佬挑選男色了。

片中占士邦有句台詞：「我看是你心急想『嗒』我呢。」這句話，宣示「占士邦文化」昂然進入了二十一世紀。「邦女郎」再也沒有炫耀身材的畫面，連開場主題曲的片段，也收起

了女性胴體的剪影，女主角品貌兼備，甚至在言詞上佔了占士邦的上風，眼神憂鬱而迷惘，徹底粉碎了這個間諜王的心理防線。

占士邦居然戀愛了，而且和所有熱戀中的男人一樣很盲目，被心愛的女人欺騙而不自覺，舊占士邦是真正的「鐵金剛」，無所謂人性不人性，只要賣座就好了。

看占士邦，原來不僅僅是看熱鬧，還有一門社會學，女權運動一百多年來的喧嘩，沒有白費，占士邦加女性主義，外國人不喊甚麼「與時俱進」的口號。他們用行動來表達。新鐵金剛，新的世代，成就了千禧年的大同理想。

蝦碌英雄

「養天地正氣，法古今完人。」中國的小孩，從小讀國文，就讓老頭子老師搖頭晃腦地洗了腦：孔子、朱熹、岳飛、文天祥、全部是「完人」，他們的道德人格都白璧無瑕，沒有一絲缺點，養成天地間的正氣，我們就要學習做一個完人。

只是那時年紀小，我以為「完人」就是「猿人」的一個變種，國文老師還講了甚麼，記不得了，只記得他老人家一面搖頭晃腦，一面瞇着眼睛，瞟視着坐在前排的那個F2女生剛發育的胸脯。

看見老師的視線異樣，我也順着他「法古今完人」的眼光向前看，只見到前面那位叫Lilian的小女生，在五月的炎暑，穿的那件汗濕而略透明的襯衣底下，戴了一個粉藍色的bra。

在《新鐵金剛智破皇家賭場》裏，新的占士邦，比起歷任的多位，不再是一個要女人所向無敵、玩武器百發百中的雜技式完人。他一上場，就開始失手：追捕一名黑匪，黑人在起重機和大廈天台之間跳躍逃亡，人家矯若游龍，一腳也沒有踏失，但占士邦在追躍之間，卻曾經跌了個嘴啃泥。

然後追進了非洲小國的大使館，在攝錄機下開鎗殺了人，釀成外交風波，遭到女上司M訓斥。M說：從前的皇家特工都不會犯這等愚蠢的錯，「我懷念冷戰時代」（I miss the Cold War）。

然後占士邦進賭場，與匪梟對賭，占士邦信心飽滿，以為對方「偷雞」，把注碼都押下去，結果輸光，要英國庫房再電匯賭金救援。最後還中了美人計，被對方的女諜玩了一回，愛上了她，而且還目睹情人在水裏淹死。占士邦不再是鐵金剛，而是一個「三無人員」：外交常識無知，危機處理，有時很無能，對於愛情，還很無奈。但觀眾喜歡看一個失手滑腳的

英雄，喜歡看他像自己一樣，時時魯莽而犯錯，就像《射鵰英雄傳》裏由江南七怪收養教武功的少年郭靖。金庸說郭靖「天資頗為魯鈍」，「教得十招，他往往學不到一招」，連師父也不想再教了，只礙於與丘處機有約在先，但郭靖「窒滯良多，停頓不前，郭靖又絕非聰明絕頂之人，較之常人實更蠢鈍了三分」。

英雄須有缺憾，才教常人喜愛，這是一種「觀眾心理學」。當年追看武俠小說的中學生，十之有九，在被窩裏用手電筒偷讀《射鵰》，必然荒廢學業，常被老師家長罵愚笨，中英數俱不及格。原來郭靖跟自己一樣學不會功課，由此眉飛色舞，對書中主角大為好感。

四十年後，占士邦片集也摸通了此一學問了，占士邦在片中動作不是仆街，就是蝦碌，而且各類判斷，也有點像魯鈍。但不要緊，這樣的人物，反令人長留腦海，正如我至今還記得，「養天地正氣，法古今完人。」我學會這句話的那一天，坐前面的女生Lilian，在陽光下，她的胸罩是一抹可愛的淺藍。

今典

海倫米蘭得了奧斯卡，彼得奧圖卻獨自憔悴，做一個演員，是很難為的，一時的風光，卻有半生的委屈。

還記不記得《新鐵金剛智破皇家賭場》裏那一場牌局的戲？主角丹尼基克，跟壞頭頭的對賭，一張賭桌上，還有別的陪客。那場戲裏，坐在一旁的還有一個中年的亞裔女人，也拿着一手牌。戲當然不在她身上，焦點在正邪兩角色的對抗。每一局，她都「㓤牌」，她是陪襯占士邦的一個閒角。

然而，編導為甚麼找來這樣一個亞裔女演員來演這個閒角？這裏面就有點文章。

她名叫周采芹，是京劇演員周信芳的女兒，在英國投身戲劇生涯，演過舞台劇《蘇絲黃的世界》。

四十年前，她是第一個華裔的「邦女郎」，在《鐵金剛勇破火箭嶺》的開頭，占士邦在香港，與一個美少女在牀上胡混，忽然她從枕底下掏出一把手鎗，一躍而起，房間外衝進幾個惡漢，向牀上半裸的占士邦開鎗。

四十年後的新占士邦電影，編導把她找來，讓她在賭場演一個陪客，很明顯，這樣的安排是一個典故，細心的觀眾和占士邦電影的收藏專家一眼就會看出來——四十年過去了，從前的邦女郎，今天年華老去，變成一個閒角，如此巧妙的卡士細節，表現了一股諷刺的蒼涼。電影也有典故的。典故分為「古典」和「今典」兩種。引用古典，還容易懂，像孫悟空、豬八戒、火燄山的鐵扇公主一類角色，因為經典名著的人物和地點，只要有一點教育修養，都知道一點底蘊。

但「今典」卻不同，是一個小圈子裏的人事八卦趣聞，用在創作裏，明白的人非常少。例如：李商隱的許多首無題詩，為甚麼隱晦呢？「滄海月明珠有淚，藍田日暖玉生煙」，表

達的是甚麼？其中有可能用了那個時代的「今典」，如果李商隱有一個丫鬟，叫做明珠，如果當年李商隱送給她一塊玉，侍婢的地位低，明珠的名字沒有在史書上記錄下來，後世湮不可解，就變成了「今典」。

新鐵金剛裏的周采芹，也近乎「今典」，因為記憶的斷層，因為青少年對四十年前的事茫不可知，一個女演員一朝春盡，她從前是嬌娃，今日是中年的老太太，無奈地在賭桌上陪賭，又默默地退下去。這是一門殘酷的事業。得到奧斯卡女主角獎，沒有人真正懂得那個小金人後面的悲哀。

姬蒂白蘭芝

女明星姬蒂白蘭芝大紅，她是澳洲人，事業在荷李活，家居在英國。她在英國布萊頓買了房子，對記者說：名人的定義，是人家寄信給你，不必記地址，在信封上寫上「寄英國布萊頓市姬蒂白蘭芝收」就夠了。

白蘭芝的樣貌很古典，應該是屬於從維多利亞末期過渡到愛得華時世的世紀初的那種氣質。愛德華時代，叫做Edwardian，是二十世紀英國一個短暫的時候，秉承維多利亞的保守，卻又隱隱受到歐洲現代抽象藝術顛覆開放的衝擊。愛德華時代的服裝和建築都很有特色，就在電影《鐵達尼號》和阿嘉泰克莉絲蒂偵探小說的氣氛裏。第一次世界大戰的硝煙、德意志威瑪共和國的繁華、畢加索立體主義的繪畫革命，歐洲已經天翻地覆了，一海之隔的倫敦，還在氣定神閒，裝作沒有甚麼事情發生，實際上帝國的裂縫已經在一隻精緻的瓷瓶的內層暗

暗出現了，這就是愛德華時代。

白蘭芝就是從一張Art Deco的糜麗的海報上走下來的人物，就像周璇與白金龍香煙。一巾披肩，一頭散瀉的金髮，一對長手套，一根灰色的煙嘴，還有一部留聲機，沙啞地播着瑪蓮德烈治的夜歌，她是唯一能把百年褪色的一紗芳華穿在身上，而又活在二十一世紀的後現代尤物。

因此她光影千仞，戲路縱橫，在《巴別塔》裏，她不再是伊莉莎白女皇，而是對阿拉伯人心懷偏見的美國主婦，跟丈夫畢比特到摩洛哥旅行時莫名其妙受了鎗傷，在第三世界的黃沙和血污中，她的一雙手很粗糙，指甲都現了黑邊，這正是演員的事業所在，比起從前國語片裏的樂蒂，扮農家女，一隻臉蛋妝媚粉豔的，一雙玉手指尖纖長，還是那麼閨秀千金，就會明白為甚麼西片女星的片酬可高達二千萬美元。

白蘭芝已婚，且有兩名子女。在香港和台灣，女明星到這把年紀星運就完了，嫁不了上

市公司主席的兒子，只好默默爭當配角甘草。但在世界的另一邊，這卻是女演員事業剛開始的時候，都唸過文學和戲劇，洞明人生的堂奧，加上婚姻和子女，更增一重睿智，形諸相外，便叫做女人味了，像白蘭芝，把一籠氣質化做一縷青煙。

荷李活不再需要英雄

荷李活巨星湯告魯斯被派拉蒙公司炒了魷魚，因為近作票房失利，湯告魯斯行為怪異。湯佬事件早晚一定會發生，只是美國資本主義市場的運作規律，唯一的原因，是一個「錢」字作怪。

湯告魯斯走紅了四分一世紀，十九歲拍第一部片《無盡的愛》，與波姬小絲合作成名，後來轉向動作武打為主。二十五年以來，荷李活如何捧紅一名巨星，而巨星又如何在金元的泡沫殞落？不妨給今天的荷李活算算帳。

今年暑假的強勢鉅製《超人——強戰回歸》，全球票房要賣七億美元才可以回本。因為數碼特技的大場面成本高昂，《超人——強戰回歸》已經用新人上場，但七億美元的成本，已經超過《鐵達尼號》。湯告魯斯的《職業特工隊》第三集票房平平，其人又被美國觀眾選

為「最不受歡迎男星」，湯告魯斯不但是一位昨天的巨星，而且還從屬於一套昨天的大明星制度——《職業特工隊》第二集，湯佬一人的片酬就是七千萬美元，電影上映後，全球票房收入還要分佔兩成。換言之，荷李活投資一部電影，老闆虧大本，大明星可以概不負責，一人獨肥，美國是一個赤裸裸的市場社會，怎會容忍湯告魯斯成為真正的「影帝」？

荷李活電影成本隨同全球化的趨勢而膨脹，注重視覺效果，不重情節；注重場面，不太強調人物，只有自由、公義和善良的主題不變，因為這是美國的基本價值觀。荷李活在成立九十年之後，才製作出第一部一億美元成本的鉅片，成本由一億美元躍升一倍，其間不足十年，除了製作，明星天文數字的片酬已經愈來愈令幕後老闆皺眉頭。

是大明星擔戲，還是一部好電影可以捧紅一位大明星？就像英雄與時勢一樣，先有雞還是先有蛋，一時難有結論。說明星制度正在破產，則又未必，例如《達文西密碼》如果沒有湯漢斯主演，沒有人願意投資。湯漢斯在《達文西密碼》的片酬是一千八百萬美元，電影全

球票房七億五千萬，「老湯」比較厚道，沒有「小湯」之自戀成狂，領取的片酬有自知之明，既可維護明星制度，自己也很「襟撈」，電影拍出來劣評如潮，但湯漢斯的星譽卻完好無損。《達文西密碼》是一個很奇特的例子，小說名大於外，情節結局許多人一早就知道，電影拍爛了，跟老湯無關，過在編導甚或小說的原作者。

這是老湯比小湯聰明之處，湯告魯斯不但貪婪，生活揮霍無度，追求奢華享樂，因為他的家族多人死於癌症，湯告魯斯對生命有只爭朝夕的焦慮。「花無百日紅」的恐懼，湯告魯斯是連同生命的短暫和無常一起來領會的，在近年每一部大製作裏，湯告魯斯毫不例外地一次次演回自己——他一點也沒有入戲，他在不斷厲聲質問全球觀眾：「看，我還紅着呢！」除了片酬，湯告魯斯還向荷李活每年支取一千萬美元，應付其製作公司的租金、私人飛機的營運、助手的薪金，相比之下另一位大明星畢比特只支取兩百萬美元，其中五十萬美元是「創作意念費」，如果這一年畢比特沒有甚麼故事靈感，這五十萬可以不要。

湯告魯斯的故事，是一九九七年香港房地產經濟泡沫爆破的另一個荷李活的英雄版本，兩者表述各異，而本質的原因如一。如果湯告魯斯是香港，那麼湯漢斯就像上海，畢比特就像廣州（另一位「雞糊密食當三番」的尼古拉斯基治，收取的片酬更低，可以說像湯告魯斯周圍的珠江三角洲了）。湯告魯斯膽敢收取荷李活帝皇的頂級片酬，一早就該問一問：比起畢比特的容貌和湯漢斯的內涵，自己有何獨特的優勢？當然，小湯不是傻瓜，他不斷在創造獨步市場的優勢：飛車、跳懸崖、在上海的金融大廈做笨豬跳，他都堅持本人冒死上陣，但就像他擔演的《最後武士》，湯告魯斯的自戀和自毀的潛意識，太像日本武士信奉的櫻花和武士刀的心魂了。

湯告魯斯看不到的是：今年奧斯卡的兩部得獎作品《撞車》和《斷背山》，都是低成本的寫實小品；億萬票房的成功鉅片，反而愈來愈多是數碼特技的兒童卡通。連奇洛李維斯的形象，也被繪製成卡通的虛擬人物。荷李活正在經歷製作轉型的痛苦抉擇；一則逐漸拋棄大

明星，節縮成本，以劇本和導演為主導，在小品中重建失落的人文心靈對話；二則即使拍科幻大製作，也定向虛擬的動畫化工程，把成本投向數碼的高科技。這兩條路，都不適合湯告魯斯。

湯告魯斯必須犧牲，因為荷李活必須轉型生存，大明星制度，就像二千年前的羅馬帝國，必將因疆土和軍事成本的正比膨脹而解體。由阿諾舒華辛力加開始，大明星制度的崩潰已經開始，下一個將會是布斯韋利士，繼《鬼眼》拍印度裔導演舒亞馬蘭的《不死劫》，韋利士收取二千萬美元片酬，另加一百五十萬「生活費」，包括拍攝期間的一家流動按摩健身院、保鑣和私人飛機。

荷李活在製作走向資本密集極端中，卻還可以另謀轉型，可大可小，交響樂玩厭了，隨時可來一場笛子獨奏，可憐中國和香港的電影業，長期模仿荷李活，追求「英雄化」的「無極億萬金元大製作」，天王巨星的片酬叫價也愈來愈高，中國電影觀眾追求金元堆砌的視覺

享受的感官刺激慣壞了，就像香港的報業，決不可能重返「文人辦報」的舊時歲月，荷李活這艘大船有能力在絕境中另覓航道，是美國能在全球化的資本主義大市場中保持帝國的主導的獨門本領，不止是電影花巧壯麗的特技，而是荷李活永恆不變的主題精神：自由、人權、歌頌公義的善良，荷李活可以脫下湯告魯斯這件穿膩了、穿舊了的華麗大衣，對付萬變的挑戰而立於不敗的，是兩百年立國的信仰和靈魂。

皇冠

香港皇冠叢書第一〇〇五種

莎士比亞的安魂曲

作　者—陶傑
發行人—平雲
總經理—麥成輝
出版發行—皇冠出版社（香港）有限公司
香港灣仔告士打道八十八號十九樓
電話⊙二五二九一七七八
傳真⊙二五二七〇九〇四
出版經理—林慶儀
責任編輯—高風・陳寶珊
文字編輯—李建青
美術設計—周文基
印刷所—海洋印務有限公司
香港西環德輔道西四四四號香港工業大廈一樓D座
香港初版一刷—二〇〇七年七月

國際書碼⊙ ISBN-13 : 978-988-216-037-8